L'ÉDITO
d'Éric Fottorino

À TOUT SEIGNEUR tout honneur, ou à toute souveraine d'Angleterre la politesse du cœur ! En choisissant une tête couronnée comme figure emblématique de ce printemps, *Légende* n'a pas seulement voulu retracer les ombres et lumières d'un règne sans pareil. Elizabeth II est désormais la souveraine de l'histoire britannique restée le plus longtemps sur le trône – soixante-neuf ans déjà, surpassant les soixante-trois ans de Victoria. Mais, autant que sa longévité royale, c'est sa présence dans notre imaginaire qui frappe les esprits. Surtout en cette année 2021, marquée en son début par ce douloureux Brexit qui a coupé la Grande-Bretagne de nous. On se souvient aussi qu'en avril 2020, dans un monde en butte au Covid, c'est du château de Windsor qu'était venu le discours le plus ardent, appelant à la détermination de tous contre le virus meurtrier. La reine, tout de vert espoir vêtue, avait eu des accents churchilliens pour exhorter son peuple à résister, trouvant les mots responsables qui manquaient alors cruellement au 10 Downing Street. Et dans la nouvelle polémique récemment déclenchée contre les *royals* par Harry et Meghan, cette dernière a pris soin de ménager *the Queen*, « qui a toujours été et continue à être formidable ». Chères lectrices, chers lecteurs, voici Sa Majesté la reine d'Angleterre, que le protocole officiel autorise à regarder dans les yeux... ♛

Elizabeth II par Stéphane Manel

N° 4
Avril 2021
Elizabeth II

CHRIS LEVINE

Plasticien canadien vivant au Royaume-Uni, ce tenant du *Light Art* a fait de la photographie l'un de ses modes d'expression privilégiés, mais il réalise également des installations lumineuses. Il est particulièrement connu pour les portraits holographiques de la reine Elizabeth II qui lui ont été commandés à l'occasion des huit cents ans du rattachement de Jersey à la Couronne britannique : *Lightness of Being*, qui montre la souveraine les yeux clos et le visage rayonnant de sérénité, et *Equanimity*, reproduit en couverture.

Magazine créé par Éric Fottorino

Édité par LGND ÉDITIONS
SAS au capital de 2 000 euros
RCS N°882 969 702
24 rue Saint-Lazare
75009 Paris
Tél. : 01 53 75 25 05
Email : contact@legende-lemag.fr
www.legende-lemag.fr

RÉDACTION

**FONDATEUR ET DIRECTEUR
DE LA PUBLICATION**
Éric Fottorino

RÉDACTEUR EN CHEF
François Vey

DIRECTRICE ARTISTIQUE
Natalie Thiriez

CHEFFE DE STUDIO
Claire Hennebo

RESPONSABLE PHOTO
Pierangélique Schouler

SECRÉTAIRES DE RÉDACTION
Maxence Collin, Martin Mauger

CORRECTRICE
Élisabeth Maucollot

FABRICATION
Anne-Sophie Legan

RELATIONS PRESSE
Anne Hartenstein

DIRECTRICE DÉLÉGUÉE
Sophie Mingasson

ADJOINTS D'ÉDITION
Iman Ahmed, Paul Laborde

**RESPONSABLE
DE LA COMMUNICATION**
Apolline Mayeux

CHARGÉE DE LA COMMUNICATION
Joséphine Legrand

RESPONSABLE MARKETING
Tony Ingrao

ABONNEMENTS
Service abonnement : Abonn'escient
Email : abonnement@legende-lemag.fr

TARIFS ABONNEMENTS
France métropolitaine
1 an : 80 euros
2 ans : 140 euros
3 ans : 200 euros

DÉPÔT LÉGAL
Avril 2021

**DIFFUSION PRESSE, PROMOTION
ET RÉASSORT**
Société à juste Titres
Contact : Laetitia Canole
04 88 15 12 45 – l.canole@ajustetitres.fr
Titre modifiable sur le portail-diffuseurs :
www.direct-editeurs.fr

DIFFUSION LIBRAIRIE
Flammarion

INFORMATIONS LÉGALES
ISSN : 2728-705X
ISBN : 978-2-4923710-1-1
CPPAP : en cours

PHOTOGRAVURE
Point 11

IMPRIMEUR
AGIR GRAPHIC – BP 52 207 – 53 022
LAVAL Cedex 9 – www.agir-graphic.fr

TYPOGRAPHIES
Commercial Type, *Graphik*
Grilli Type, *GT Super*

CONCEPTION DE LA MAQUETTE
be-poles

© LÉGENDE,
2021, TOUS DROITS RÉSERVÉS

**SORTIE DU NUMÉRO 5
LE 30 JUIN 2021**

Le grand photographe
britannique Cecil Beaton
(1904-1980) a souvent
photographié la famille
royale pour des publications
officielles. Ici, il fait prendre
la pose à Elizabeth II,
en novembre 1955,
avant son voyage
au Nigeria.

© V&A IMAGES

EN CHARGE DU COMMONWEALTH

Elle est le chef d'État qui a le plus voyagé au monde, notamment de par ses fonctions à la tête du Commonwealth, qui l'ont conduite à visiter le Ghana *(à gauche)*, à effectuer une tournée, de janvier à mars 1961, en Inde, où elle filme son mari disputant une partie de polo *(ci-dessus)*. Ou à se rendre de très nombreuses fois au Kenya : en mars 1972, la reine est en compagnie du président Jomo Kenyatta et de sa femme *(en haut, à gauche)*.

© LICHFIELD ARCHIVE VIA GETTY IMAGES, © FRANÇOIS GRAGNON / PARISMATCH / SCOOP, © BETTMANN ARCHIVE / GETTY IMAGES

21

LE CAP DES 25 ANS DE RÈGNE

En juin 1977, Elizabeth célèbre son jubilé d'argent.
Accompagnée du lord-maire de la Cité de Londres, elle se
rend à pied à un grand déjeuner, à sa sortie de la cathédrale Saint-Paul, en souriant à ses sujets, massés sur son
passage *(en haut)*. Deux ans plus tard, Margaret Thatcher
devient Premier ministre. Elle a fait sa campagne sur le
redressement économique, brandissant un billet d'une
livre sterling devant la presse alors que la monnaie a été
dévaluée et que l'inflation gagne *(au centre)*. En 1981,
la reine est avec Diana, qui rassure une de ses demoiselles
d'honneur, lors de son mariage avec le prince Charles
(à droite). Tout au long de ses années de règne, le château
de Balmoral en Écosse constitue son refuge de prédilec-
tion avec ses chiens préférés, des corgis *(page de gauche)*.

DES ANNÉES HORRIBLES

Comme la reine le confesse en parlant d'*annus horribilis* dans un discours prononcé le 24 novembre 1992 *(ci-dessous)*, elle vient de vivre l'une des pires années de son règne avec les divorces de deux de ses enfants, Anne et Andrew, la séparation d'un troisième, Charles, et l'incendie du château de Windsor, dont le St. George's Hall est dévasté *(en bas, à gauche)*. Mais le sort s'acharne ensuite, en 1997, avec la mort accidentelle de la princesse Diana, officiellement divorcée de Charles depuis un an. La reine tarde à rendre hommage, alors que tout le pays est sous le choc et suit les obsèques en direct à la télévision *(en haut, à droite)*. Le mariage de Charles fut un fiasco dont le monde entier a été témoin. Le couple n'avait pas caché sa mésentente lors de son dernier voyage à Séoul, en novembre 1992 *(en haut, à gauche)*. Enfin, avec le désarmement du yacht royal *Britannia*, en 1997, une autre page se tourne, et la reine verse pour la première fois une larme en public *(à gauche)*.

UN RÉTABLISSEMENT SPECTACULAIRE

Avec le jubilé d'or marquant ses cinquante ans de règne, Elizabeth regagne de la popularité. Les Britanniques lui font fête lors de la parade, tandis que son carrosse doré (le Golden State Carriage) la conduit de Buckingham à la cathédrale Saint-Paul, le 4 juin 2002 *(à droite)*. Et le mariage de son petit-fils William avec Kate Middleton *(en haut)* a beaucoup de succès. Les sujets de Sa Majesté célèbrent cette union par des repas partagés dans la rue, comme ici dans un quartier de l'est de Londres *(au centre, à droite)*. Et l'Entente cordiale, si chère à la reine, trouve une nouvelle concrétisation avec l'Eurostar, qu'elle prend à Waterloo Station le 5 avril 2004 pour se rendre en visite en France, afin de célébrer les cent ans de cet accord *(ci-dessus)*.

PANACHE ET ENDURANCE

Pour la cérémonie d'ouverture des Jeux olympiques organisés à Londres, le 27 juillet 2012, la reine a accepté de se prêter à une séquence audacieuse : un film diffusé sur grand écran suit son départ de Buckingham Palace en hélicoptère, sous l'escorte de James Bond, interprété par Daniel Craig *(ci-dessus)*, et donne l'illusion qu'une fois arrivée au-dessus du stade, elle saute en parachute avant de gagner la tribune officielle *(à droite)*. Le 31 mai 2020, elle monte encore l'un de ses chevaux (nommé Balmoral Fern) dans le parc de Windsor, où elle s'est retirée durant la pandémie *(ci-dessous)*.

© LOCOG / AFP, © OLIVIER MORIN / AFP, © CAMERAPRESS / GAMMA RAPHO

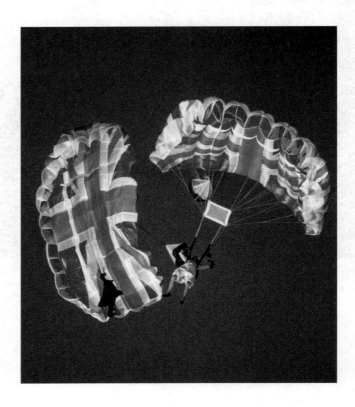

UNE LONGÉVITÉ RESPECTABLE

Le 21 avril 2020, la reine a fêté ses 94 ans et un célèbre théâtre, le London Palladium lui a souhaité un bon anniversaire *(en bas, à gauche)*. Crise du coronavirus oblige, Elizabeth II s'est pliée aux audiences à distance. Ainsi, le 4 décembre 2020, elle parle en visioconférence à l'ambassadeur de Hongrie et à sa femme depuis le château de Windsor *(tout en bas, à droite)*. Et quinze jours plus tard, le Haut-Commissaire à la Nouvelle-Zélande Bede Corry s'adresse à elle depuis un écran installé à Buckingham *(ci-dessous)*. Même si elle a réduit ses activités, la reine rencontre encore Angela Merkel lors d'une réunion de l'Otan, à laquelle assiste son Premier ministre Boris Johnson *(ci-dessus)*. Et le 9 juillet 2019, elle continue à planter des arbres, comme ici à Cambridge *(à gauche)*. Son arrière-petit-fils Archie Harrison lui est présenté par Meghan accompagnée de sa mère, Doria Ragland, et de son mari le prince Harry, le 8 mai 2019 *(en haut, à gauche)*.

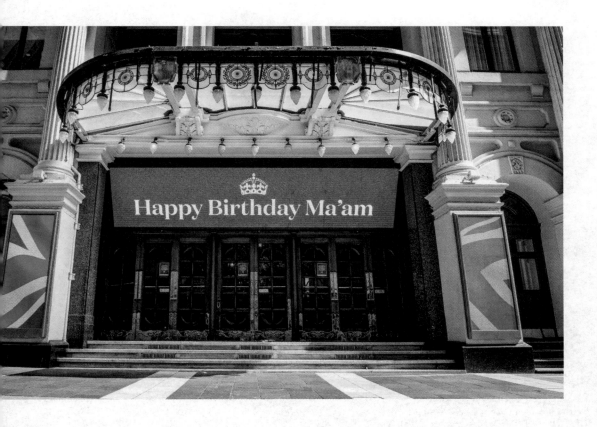

Happy Birthday Ma'am

nisation du fruit monarchique par le ver médiatique ne fut pas de son fait, mais celui des membres de sa famille, adeptes résolus du principe : « *Have the cake and eat it too*[1] », donc tout à fait ravis de bénéficier de la fameuse aura royale et des privilèges afférents, du moment qu'ils pouvaient mener leur vie à leur guise. La propre sœur d'Elizabeth, Margaret, ouvrit le bal, et c'est à cette occasion que, stupéfaite, un jour que j'accompagnais mon père chez le coiffeur, je le vis se plonger dans un magazine où ses amours impossibles étaient narrées par le menu. Quand il sentit mon regard, il interrompit sa lecture mais, par la suite, je le remarquai aussi, le feuilleton royal ne fut plus tabou à la maison. Le comble fut atteint le jour où l'une de mes sœurs claironna à la table familiale que la reine était enceinte. Enceinte ? Comme ma mère à ce moment-là ? Mais comment avait-elle pu me faire ça ? J'étais atrocement déçue. Ça ne dura pas. Car nulle photo de la royale grossesse ne fut diffusée, et pour cause : la souveraine s'était mise en congé de la royauté. Elle ne réapparut dans les magazines qu'une fois accouchée. Penchée au-dessus d'un berceau, certes, mais identique à l'image que j'avais toujours connue d'elle : présente, distante et muette. Pas d'interview. J'ai pu continuer à rêver.

En fait, avec cette grossesse royale, je venais d'expérimenter l'autre aspect de la fonction royale, celui que l'historien Kantorowicz a décrit dans son brillantissime essai *Les Deux Corps du roi*. Du jour de son sacre, le souverain incarne le corps abstrait du royaume, symbolisé notamment par sa couronne. Mais, pareil à ses sujets, il reste doté de son corps mortel. Le premier corps, éternel, lui, se transmettra à sa mort au monarque suivant – d'où la formule : « Le roi est mort, vive le roi » –, tandis que l'autre corps reste soumis aux lois de la biologie humaine – telle Elizabeth avec ses deux grossesses des années 1960.

Je dois toutefois confesser qu'à partir de ce moment-là, ma passion pour Elizabeth s'étiola, pour quasiment disparaître dans les années 1970. Ma reine semblait alors s'installer dans un personnage peu propice à l'essor des fantasmes : une matriarche renfrognée, engoncée dans des principes d'un autre temps comme sa tête sous ses improbables chapeaux. Je voyais en elle un diplodocus condamné à assister en silence à la lente, mais sûre décomposition de cette tribu Windsor qui avait formé, aussi bien que son carrosse et sa couronne, le socle de sa magie d'antan.

De fait, jusque dans les années 1990, hors les mariages à grand spectacle de ses enfants, la souveraine n'attirait plus l'attention que par le phénoménal talent de sa famille à générer des scandales de toute nature, à commencer par les démêlés de Charles avec la rétive Diana. Formidable mais parfois sordide feuilleton, qui ne semblait obéir qu'à une seule loi narrative : « Il y a toujours pire que le pire. » On ne cessait plus de la moquer, ma reine, et je n'étais pas la dernière. Un seul point m'épatait encore : la façon dont, face gelée, mâchoires cadenassées, elle avalait non plus couleuvre sur couleuvre, mais boa sur boa.

C'est alors que je l'ai rencontrée. Pour de vrai, en 1992 – la fameuse « *annus horribilis* ». Ce n'était un secret pour personne : sous l'effet des scandales, la souveraine, à 66 ans, était très impopulaire. Pas un jour sans qu'elle fût la cible des tabloïds. Pire encore, une réduction drastique de sa liste civile et l'obligation de payer l'impôt sur le revenu étaient en vue. C'est dire si chacun l'épiait, lors de ce dîner à l'Élysée où je m'étais trouvée invitée, si désenchantée désormais que mon état d'esprit, en m'y rendant, se résumait à la simple curiosité amusée.

Je la revois comme si la scène datait d'hier. Épaissie, oui, le dos légèrement voûté mais l'échine encore sûre, le front immuablement serein et son

merveilleux teint de *fresh English rose* à peine griffé par les années. La nuque droite sous son diadème, souriante ainsi qu'au matin de son sacre, et ses yeux bleu glacier pétillant des mêmes étincelles, elle ne donnait nullement l'impression de vivre sous la menace d'être découronnée. Et le plus beau : dans ses tâches protocolaires même les plus assommantes – se faire présenter, par exemple, chacun des cent cinquante invités à ce dîner –, pas un seul début de mécanique. Comme sur les images qui m'avaient fait tant rêver, elle maîtrisait à la perfection le paradoxe du monarque idéal : présence et distance, grâce et majesté. Je me suis alors dit : quoi qu'il arrive, elle tiendra.

Et elle a tenu, Elizabeth, et elle tient toujours, continue comme avant à avaler couleuvre sur boa, les mauvais Premiers ministres et les bons, l'anéantissement du Commonwealth, la mort de Diana, le Brexit, le Covid, son beau Philip qui flageole, les extravagances sexuelles de son fils préféré, les terroristes de tout poil, son petit-fils Harry qui fait sécession aux États-Unis, que sais-je encore ? Car c'est à force de tenir et encore tenir du même front impavide qu'elle a gardé sa couronne. Et mieux encore : sa place unique dans l'imaginaire mondial, quintessence de reine, la mienne, la vôtre et celle de vos voisins. *The Queen* en somme. Quoi qu'il en coûte, quoi qu'il arrive, et à jamais. ♛

1. « Avoir le beurre et l'argent du beurre ».

Portrait par l'artiste contemporain Endless, à Mayfair, Londres.
© JANSOS / ALAMY STOCK PHOTO

IRÈNE FRAIN
Romancière, elle est entrée en littérature avec *Le Nabab* en 1982, et a depuis signé une œuvre prolifique. On lui doit plusieurs biographies de femmes : *L'Inimitable* (Fayard, 1998), un portrait de Cléopâtre, *Beauvoir in love* (Michel Lafon, 2012), ainsi que des portraits dans la presse, notamment pour *Paris Match*. En 2016, elle participe à la fondation du Women's Forum for the Economy and Society. Son dernier roman, *Un crime sans importance* (Seuil, 2020) a reçu le prix Interallié.

Reigning Queens,
*série de portraits
sérigraphiés, réalisée
par Andy Warhol
en 1985.*

© THE ANDY WARHOL
FOUNDATION FOR THE VISUAL
ARTS, INC. / BRIDGEMAN /
ADAGP, PARIS, 2021

QUATRE RENCONTRES

par WILLIAM BOYD

JE SUIS NÉ en Afrique de l'Ouest, dans la colonie britannique de la Côte-de-l'Or, presque un mois jour pour jour après l'accession au trône de la reine le 6 février 1952. Je crois que le fait d'avoir passé ma jeunesse dans une colonie – devenue par la suite membre du Commonwealth – m'a rendu inconsciemment plus sensible à l'existence de la famille royale que si j'avais grandi en Grande-Bretagne.

J'ai un souvenir très net du jour où fut proclamée l'indépendance de la Côte-de-l'Or, sous le nom de Ghana, le 6 mars 1957. J'avais 5 ans. On nous a sortis de notre école maternelle pour faire nombre au bord de la route et agiter des drapeaux de papier au passage du cortège royal (en fait, c'est la princesse Marina, duchesse de Kent, qui se trouvait dans la rutilante limousine, et non la reine). D'une certaine façon, grandir aux colonies, même dans une république africaine, exacerbait l'intensité des liens avec la mère patrie et son monarque.

Au fil des soixante années qui se sont écoulées depuis ce premier contact avec la famille royale, incarnée en l'occurrence par la princesse Marina, j'ai rencontré la reine elle-même quatre fois. Voilà qui est fort singulier, pour ne pas dire surréaliste, car il faut bien reconnaître que, quel que soit son projet de vie, a priori il n'inclut pas de côtoyer sa souveraine. Comment ces orbites totalement distinctes pourraient-elles donc finir par se croiser ? Impensable.

Et pourtant – avance rapide de dix ans à partir de l'indépendance du Ghana pour arriver à 1967 –, quand j'avais 15 ans, la reine est venue inaugurer un nouveau centre sportif dans mon pensionnat du nord de l'Écosse, Gordonstoun School. La seule et unique raison de sa visite était que son fils, le prince Charles, étudiait lui aussi dans cette école. Pour étrenner la piscine, une course de relais avait été organisée. J'emploie le terme de « course », mais il n'y avait qu'une seule équipe dans cette compétition symbolique, pour laquelle quatre bons nageurs, dont moi, avaient été sélectionnés. L'un après l'autre, nous avons effectué un laborieux aller et retour avant de nous ranger au bord du bassin, tout dégoulinants, devant la reine souriante, qui a dit à chacun « félicitations » avec un petit hochement de tête. Je me rappelle qu'elle portait une robe d'un orange éblouissant et un chapeau assorti.

Notre deuxième rencontre a eu lieu vingt-cinq ans plus tard, en 1992, lors de l'avant-première officielle du film *Chaplin* de Richard Attenborough, dont j'avais écrit le scénario. Cette fois-là, nous avons pu parler. Après la projection, quand la reine est arrivée à mon niveau dans l'alignement de l'équipe, elle m'a dit : « Donc vous êtes l'auteur. » Je lui ai répondu : « Oui, je suis l'auteur. » Et elle est passée au suivant.

Étonnamment, il ne s'est écoulé qu'un an avant la rencontre suivante, en 1993, lors de la première à but caritatif d'un autre film dont j'avais signé le scénario, *Mister Johnson*. À nouveau, nous nous retrouvons face à face. Et comme dans *Un jour sans fin*, la reine me dit : « Donc, vous êtes l'auteur. » Je réponds que, oui, je suis l'auteur et que, curieusement, nous nous sommes parlé à peine un an plus tôt à l'occasion de la projection de *Chaplin*, un autre film dont j'étais l'auteur. « En effet », acquiesce-t-elle avec un vague sourire avant de passer au suivant.

La quatrième et dernière rencontre en date a eu lieu le 22 mars 2001, lors d'une série de « journées à thème » organisées par la reine au palais de Buckingham pour recevoir lors d'un cocktail des professionnels de différents secteurs. J'y suis allé le jour où l'édition était ainsi à l'honneur. Des centaines d'invités déambulaient dans les immenses salles de réception. Alors que je récupérais mon badge nominatif, un intendant s'est approché et m'a demandé de le suivre. Il m'a conduit dans un petit salon où une vingtaine d'autres écrivains étaient réunis, formant un cercle irrégulier, le dos aux tentures murales. La reine et le duc d'Édimbourg sont alors entrés par une autre porte et ont fait le tour de la pièce en partant chacun d'un côté. Le duc s'ennuyait visiblement à mourir, mais la reine semblait intéressée et attentive. Elle n'avait sans doute jamais été mise en présence d'autant d'écrivains en même temps.

Quand elle est arrivée près de moi, je me trouvais avec Ben Okri et Sheridan Morley. Je ne sais plus de quoi nous avons discuté, mais toujours est-il qu'à un moment, Ben a fait une remarque d'une drôlerie féroce sur les embouteillages monstrueux autour du palais de Buckingham (je crois que la circulation des alentours immédiats venait d'être modifiée). La reine a aussitôt éclaté de rire. Un rire spontané, franc, à gorge déployée, contagieux. Puis elle nous a confié : « Même nous, nous n'arrivons pas à sortir ! » Hilarité générale et, miraculeusement, un photographe officiel a immortalisé ce moment. Trois écrivains et la reine en train de rire, radieux, de larges sourires sincères aux lèvres. Cette photo a été publiée le lendemain dans un quotidien national et, en souvenir de cette occasion mémorable, notre quatrième rencontre, j'ai découpé la photo dans le journal. Je l'ai encore. Et je crois que je n'ai jamais vu la reine aussi détendue de sa vie. ♚

Traduit de l'anglais par Isabelle Perrin

WILLIAM BOYD
L'écrivain écossais est l'auteur d'une vingtaine de livres dont *Un Anglais sous les tropiques* (1981), *La Vie aux aguets* (2006) et *L'Attente de l'aube* (2012), publiés en France aux éditions du Seuil. Son goût pour l'histoire et les romans d'espionnage lui a valu d'être choisi par la famille d'Ian Fleming, le père de James Bond, pour redonner vie à l'agent secret britannique, ce qu'il a fait de bonne grâce avec *Solo* en 2013. Il vit aujourd'hui entre la Dordogne et Londres.

LEUR REGARD

UN FLAIR POLITIQUE CERTAIN

par SUDHIR
HAZAREESINGH

En compagnie de Sir Seewoosagur Ramgoolam, le Premier ministre mauricien, lors d'une visite à l'île Maurice, en mars 1972.

© LICHFIELD ARCHIVE
VIA GETTY IMAGES

JE ME SOUVIENS de la première fois que je l'ai vue. C'était à l'île Maurice en mars 1972, il y a presque cinquante ans. Sa Majesté la reine Elizabeth II était arrivée dans mon pays natal pour présider en grande pompe la cérémonie d'ouverture de la session parlementaire, et je la vois encore debout dans sa limousine noire, avec le prince Philip à ses côtés, saluant gracieusement la foule dans la chaleur étouffante de Port-Louis. Ma mère Thara, qui la rencontra, me dit qu'elle avait un sourire radieux. Le gamin que j'étais tomba aussi sous le charme. Mais je ne pouvais m'empêcher de me demander ce qu'elle faisait là, et surtout pourquoi elle était encore officiellement notre chef d'État, alors que nous nous étions affranchis du joug colonial anglais depuis 1968. J'abordai la question avec mon père Kissoonsingh, qui lutta ardemment pour notre indépendance mais n'en admirait pas moins le système politique anglais. Il se voulut rassurant : « Elle n'est qu'un symbole. » Et il me renvoya à la célèbre distinction de Walter Bagehot, le grand constitutionnaliste de l'ère victorienne : le gouvernement représentait la fonction « effective » du pouvoir, alors que la monarchie incarnait sa dimension « majestueuse » (*dignified*). J'ai toujours gardé cette distinction paternelle en tête, surtout depuis que je me suis installé à Oxford dans les années 1980 et que j'ai moi-même acquis la citoyenneté britannique. Ironiquement, l'île Maurice est devenue une République en 1992, avec son propre président : en vertu de mon exil anglais, je suis donc resté un « sujet » de la reine, titre qui irrite mes convictions démocratiques. Mais Bagehot m'a longtemps aidé à relativiser cet assujettissement, d'abord parce qu'il semblait avoir fondamentalement raison : dans le système anglais, le vrai pouvoir politique appartient au Parlement et repose sur le suffrage populaire ; la monarchie ne représente que l'écume des choses. Par ailleurs, les Windsor donnaient une image très peu majestueuse de la royauté, avec les déboires de Margaret, les accointances troublantes (pour ne pas dire plus) d'Andrew et les déclarations invariablement ridicules de notre futur roi Charles (qui, habillé en châtelain, a réalisé une vidéo exhortant les Britanniques à « bosser dur » pour assurer la récolte des fruits et légumes durant l'été 2020). Sans oublier les écarts politiques d'avant-guerre : comme l'a savoureusement mis en scène dans l'excellente série Netflix *The Crown*, la famille de Philip avait des sympathies nazies (trois de ses sœurs épousèrent des dignitaires du régime), et Edward VIII, l'oncle d'Elizabeth qui abdiqua en 1936, était un fervent admirateur de Hitler.

On me rétorquera que les frasques familiales des Windsor n'ont rien à voir avec la question fondamentale qui nous préoccupe. Sauf qu'une famille qui s'érige en modèle de vertu publique ne peut se retrancher dans la sphère privée quand les affaires se corsent. Mais passons. Et reconnaissons volontiers qu'Elizabeth a acquis sous son règne, avec le passage du temps, des titres de gloire que même un antimonarchiste primaire ne saurait ignorer. Elle est un mythe au sens proprement barthésien : elle a su convaincre une écrasante majorité de Britanniques que la monarchie est une institution naturelle et pour ainsi dire ontologique, et il y a aujourd'hui moins de républicains en Angleterre que de monarchistes en France. Chef du Commonwealth, elle est l'une des personnalités les plus connues du monde, et elle incarne la continuité et la stabilité des institutions politiques britanniques (pour contraste : lorsqu'elle fut couronnée en 1953, la France languissait encore sous le « régime des partis » ; elle a rencontré tous les présidents de la Ve République, de De Gaulle à Macron).

Derrière cette continuité, remarquons aussi l'empirisme pragmatique de la monarchie anglaise. Elizabeth a su assouplir le style rigide et corseté de la Couronne, parfois avec un humour très *british*. On se souviendra du clip diffusé lors de la cérémonie d'ouverture des Jeux olympiques en 2012, où elle semble faire son entrée au stade en parachute, après avoir été escortée depuis Buckingham Palace par James Bond. Ces ajustements ont parfois été subis ou même imposés par le pouvoir politique – notamment pour la question de la contribution fiscale « volontaire » de la Reine, ou encore pour celle de la participation de la famille royale aux funérailles de Lady Diana : le clan des Windsor, aveuglé par sa haine pour la princesse, et toute rancune tenante, chercha d'abord à occulter complètement sa mort. Mais Elizabeth a incontestablement un certain flair politique, qu'elle sait subtilement mettre en valeur tout en observant scrupuleusement les limites de la Constitution. Un de ces moments clés fut sa visite officielle en République d'Irlande, en 2011 – la première fois qu'un souverain anglais foulait le sol irlandais depuis la guerre d'indépendance. Elizabeth fut impeccable : elle porta une robe verte éclatante, rendit hommage aux combattants morts (aux mains des soldats anglais) pour la liberté irlandaise, profita de son discours pour saluer le processus de paix en Irlande du Nord et prêcher ardemment la réconciliation entre les peuples anglais et irlandais. L'année suivante, elle serra la main de Martin McGuinness, le leader du Sinn Féin dont la branche armée, l'IRA, avait assassiné son cousin, Lord Mountbatten, en 1979.

Reproduit quotidiennement dans la presse populaire, cet idéal d'une royauté bon enfant et rassembleuse joue un rôle fondamental dans l'imaginaire politique de la monarchie anglaise. C'est une tradition relativement récente, datant de la Seconde Guerre mondiale, quand le roi George VI – le père d'Elizabeth – et son épouse étaient restés à Londres

aux côtés du peuple malgré les bombardements allemands, redorant le blason des Windsor qui avaient perdu toute crédibilité sous Édouard VIII. Aujourd'hui, cet idéal unificateur est devenu le pilier essentiel de l'institution monarchique : dans un pays fragilisé par des dissensions idéologiques autour du Brexit, et sérieusement menacé d'éclatement avec la montée de nationalismes virulents (notamment en Écosse et en Irlande du Nord, mais aussi en Angleterre), la reine Elizabeth est souvent présentée par les défenseurs de la monarchie comme la seule figure capable de transcender ces divisions et de préserver l'Union.

La thèse pourrait à première vue sembler convaincante. N'oublions pas toutefois que nous avons affaire ici non pas à un individu – quelles que soient ses qualités personnelles –, mais à une institution. De ce point de vue, le véritable rôle de la monarchie est de perpétuer, à travers la notion d'hérédité, le principe d'un ordre hiérarchique et intemporel qui contredit les valeurs d'une société libérale et ouverte à tous les talents. Ce n'est pas un hasard si le Royaume-Uni reste l'un des pays européens les plus inégalitaires pour ce qui touche au revenu, pour l'accès à une éducation de qualité ou pour la mobilité sociale. Même le fameux multiculturalisme britannique, qui semble reposer sur le principe relativiste (et donc égalitaire) de la diversité, est une illusion : seule l'Église anglicane est une composante de l'État, et elle a pour chef symbolique… la reine. Encore plus consternante est toute la symbolique réactionnaire qui associe la monarchie anglaise au culte de l'Empire. Rappelons que c'est de l'ordre de l'Empire britannique que la reine décore plusieurs milliers de ses sujets chaque année, associant perversement le passé colonial avec les idéaux de mérite et de service public – alors que l'histoire de l'Empire est en réalité fondée sur le pillage et la violence : 10 millions de Bengalais (un tiers de la population locale) périrent lorsque la Compagnie anglaise des Indes assuma le contrôle de la province au XVIIIe siècle.

Cette symbolique impériale joue un rôle particulièrement néfaste dans la culture britannique contemporaine. Car c'est précisément ce mythe d'un colonialisme glorieux et libérateur – dont la dimension esclavagiste est complètement ignorée – qui a couvé le nationalisme anglais de Boris Johnson et la fantasmagorie d'un Brexit conquérant qui ouvrirait la nouvelle ère du « *Rule, Britannia !* [1] ». Cette légende sert aussi à perpétuer la perception des immigrés d'origine postcoloniale comme des citoyens de seconde classe, ainsi qu'on l'a vu récemment avec le scandale « Windrush », lorsque des dizaines de citoyens anglais furent illégalement renvoyés dans leurs pays d'origine par le ministère de l'Intérieur [2]. La confirmation la plus révélatrice de ce rejet du multiculturalisme égalitaire fut le traitement réservé à Meghan Markle – dont la mère est une Américaine noire –

par la famille royale et la presse populaire après son mariage avec le prince Harry en mai 2018. L'arrivée au cœur de la monarchie anglaise d'une personnalité aux idées féministes et progressistes, dont les ancêtres étaient nés en Afrique, fut saluée comme un tournant décisif dans l'histoire des Windsor. Mais il fallut rapidement déchanter : la capacité de la duchesse de Sussex à s'intégrer à la famille royale fut constamment remise en question, souvent avec un racisme à peine voilé, et la reine ne fit aucun geste pour la soutenir publiquement. Moins de deux ans plus tard, Harry et Meghan furent contraints d'abandonner leurs fonctions officielles et de s'exiler au Canada. Dans une interview retentissante avec Oprah Winfrey en mars, Meghan confirma publiquement les comportements racistes dont elle fut victime de la part de la famille royale et de ses courtiers. En fin de compte, la phrase célèbre du *Guépard* s'applique parfaitement à Elizabeth et aux Windsor : « Il faut que tout change pour que rien ne change. » ♛

1. Allusion au chant patriotique britannique de ce nom, composé en 1740 par Thomas Arne sur un poème de James Thomson, et parfois employé comme hymne national informel.

2. Arrivée des Caraïbes britanniques dans les années 1950-1960, la « génération Windrush » – du nom du premier navire débarqué en 1948 de la Jamaïque – avait obtenu en 1971 le droit de rester en Angleterre. Bien que pleinement citoyens, beaucoup furent incapables de justifier de leur statut lorsque le gouvernement de David Cameron renforça en 2012 la lutte contre l'immigration illégale. Ils subirent de nombreuses vexations et 80 d'entre eux furent expulsés. Ce scandale révélé en 2018 entraîna la démission de la ministre Amber Rudd.

SUDHIR HAZAREESINGH
Historien britannique, il est né à l'île Maurice, dans une famille de hauts fonctionnaires d'origine indienne. Spécialiste de l'époque contemporaine, il enseigne à Oxford et a été professeur invité à l'EHESS, à l'EPHE et à Sciences Po. Il a publié de nombreux ouvrages sur l'histoire et la culture politique française, dont *Ce pays qui aime les idées : histoire d'une passion française*, paru chez Flammarion en 2015 (grand prix du Livre d'idées). Sa dernière biographie, *Toussaint Louverture*, a paru en 2020 chez Flammarion.

> *Le véritable rôle de la monarchie est de perpétuer le principe d'un ordre hiérarchique et intemporel qui contredit les valeurs d'une société libérale et ouverte à tous les talents*

appartient au Parlement et repose sur le suffrage populaire ; la monarchie ne représente que l'écume des choses. Par ailleurs, les Windsor donnaient une image très peu majestueuse de la royauté, avec les déboires de Margaret, les accointances troublantes (pour ne pas dire plus) d'Andrew et les déclarations invariablement ridicules de notre futur roi Charles (qui, habillé en châtelain, a réalisé une vidéo exhortant les Britanniques à « bosser dur » pour assurer la récolte des fruits et légumes durant l'été 2020). Sans oublier les écarts politiques d'avant-guerre : comme l'a savoureusement mis en scène dans l'excellente série Netflix The Crown, la famille de Philip avait des sympathies nazies (trois de ses sœurs épousèrent des dignitaires du régime), et Edward VIII, l'oncle d'Elizabeth qui abdiqua en 1936, était un fervent admirateur de Hitler.

On me rétorquera que les frasques familiales des Windsor n'ont rien à voir avec la question fondamentale qui nous préoccupe. Sauf qu'une famille qui s'érige en modèle de vertu publique ne peut se retrancher dans la sphère privée quand les affaires se corsent. Mais passons. Et reconnaissons volontiers qu'Elizabeth a acquis sous son règne, avec le passage du temps, des titres de gloire que même un antimonarchiste primaire ne saurait ignorer. Elle est un mythe au sens proprement barthésien : elle a su convaincre une écrasante majorité de Britanniques que la monarchie est une institution naturelle et pour ainsi dire ontologique, et il y a aujourd'hui moins de républicains en Angleterre que de monarchistes en France. Chef du Commonwealth, elle est l'une des personnalités les plus connues du monde, et elle incarne la continuité et la stabilité des institutions politiques britanniques (pour contraste : lorsqu'elle fut couronnée en 1953, la France languissait encore sous le « régime des partis » ; elle a rencontré tous les présidents de la Ve République, de De Gaulle à Macron).

Derrière cette continuité, remarquons aussi l'empirisme pragmatique de la monarchie anglaise. Elizabeth a su assouplir le style rigide et corseté de la Couronne, parfois avec un humour très british. On se souviendra du clip diffusé lors de la cérémonie d'ouverture des Jeux olympiques en 2012, où elle semble faire son entrée au stade en parachute, après avoir été escortée depuis Buckingham Palace par James Bond. Ces ajustements ont parfois été subis ou même imposés par le pouvoir politique – notamment pour la question de la contribution fiscale « volontaire » de la Reine, ou encore pour celle de la participation de la famille royale aux funérailles de Lady Diana : le clan des Windsor, aveuglé par sa haine pour la princesse, et toute rancune tenante, chercha d'abord à occulter complètement sa mort. Mais Elizabeth a incontestablement un certain flair politique, qu'elle sait subtilement mettre en valeur tout en observant scrupuleusement les limites de la Constitution. Un de ces moments clés fut sa visite officielle en République d'Irlande, en 2011 – la première fois qu'un souverain anglais foulait le sol irlandais depuis la guerre d'indépendance. Elizabeth fut impeccable : elle porta une robe verte éclatante, rendit hommage aux combattants morts (aux mains des soldats anglais) pour la liberté irlandaise, profita de son discours pour saluer le processus de paix en Irlande du Nord et prêcher ardemment la réconciliation entre les peuples anglais et irlandais. L'année suivante, elle serra la main de Martin McGuinness, le leader du Sinn Féin dont la branche armée, l'IRA, avait assassiné son cousin, Lord Mountbatten, en 1979.

Reproduit quotidiennement dans la presse populaire, cet idéal d'une royauté bon enfant et rassembleuse joue un rôle fondamental dans l'imaginaire politique de la monarchie anglaise. C'est une tradition relativement récente, datant de la Seconde Guerre mondiale, quand le roi George VI – le père d'Elizabeth – et son épouse étaient restés à Londres aux côtés du peuple malgré les bombardements allemands, redorant le blason des Windsor qui avaient perdu toute crédibilité sous Édouard VIII. Aujourd'hui, cet idéal unificateur est devenu le pilier essentiel de l'institution monarchique : dans un pays fragilisé par des dissensions idéologiques autour du Brexit, et sérieusement menacé d'éclatement avec la montée de nationalismes virulents (notamment en Écosse et en Irlande du Nord, mais aussi en Angleterre), la reine Elizabeth est souvent présentée par les défenseurs de la monarchie comme la seule figure capable de transcender ces divisions et de préserver l'Union.

La thèse pourrait à première vue sembler convaincante. N'oublions pas toutefois que nous avons affaire ici non pas à un individu – quelles que soient ses qualités personnelles –, mais à une institution. De ce point de vue, le véritable rôle de la monarchie est de perpétuer, à travers la notion d'hérédité, le principe d'un ordre hiérarchique et intemporel qui contredit les valeurs d'une société libérale et ouverte à tous les talents. Ce n'est pas un hasard si le Royaume-Uni reste l'un des pays européens les plus inégalitaires pour ce qui touche au revenu, pour l'accès à une éducation de qualité ou pour la mobilité sociale. Même le fameux multiculturalisme britannique, qui semble reposer sur le principe relativiste (et donc égalitaire) de la diversité, est une illusion : seule l'Église anglicane est une composante de l'État, et elle a pour chef symbolique… la reine. Encore plus consternante est toute la symbolique réactionnaire qui associe la monarchie anglaise au culte de l'Empire. Rappelons que c'est dans l'ordre de l'Empire britannique que la reine décore plusieurs milliers de ses sujets chaque année, associant perversement le passé colonial avec les idéaux de mérite et de service public – alors que l'histoire de l'Empire est en réalité fondée sur le pillage et la violence : 10 millions de Bengalis (un tiers de la population locale) périrent lorsque la Compagnie anglaise des Indes assuma le contrôle de la province au XVIIIe siècle.

Cette symbolique impériale joue un rôle particulièrement néfaste dans la culture britannique contemporaine. Car c'est précisément ce mythe d'un colonialisme glorieux et libérateur – dont la dimension esclavagiste est complètement ignorée – qui a couvé le nationalisme anglais de Boris Johnson et la fantasmagorie d'un Brexit conquérant qui ouvrirait la nouvelle ère du « Rule, Britannia !$^{[1]}$ ». Cette légende sert aussi à perpétuer la perception des immigrés d'origine postcoloniale comme des citoyens de seconde classe, ainsi qu'on l'a vu récemment avec le scandale « Windrush », lorsque des dizaines de citoyens anglais furent illégalement renvoyés dans leurs pays d'origine par le ministère de l'Intérieur$^{[2]}$. La confirmation la plus révélatrice de ce rejet du multiculturalisme égalitaire fut le traitement réservé à Meghan Markle – dont la mère est une Américaine noire –

par la famille royale et la presse populaire après son mariage avec le prince Harry en mai 2018. L'arrivée au cœur de la monarchie anglaise d'une personnalité aux idées féministes et progressistes, dont les ancêtres étaient nés en Afrique, fut saluée comme un tournant décisif dans l'histoire des Windsor. Mais il fallut rapidement déchanter : la capacité de la duchesse de Sussex à s'intégrer à la famille royale fut constamment remise en question, souvent avec un racisme à peine voilé, et la reine ne fit aucun geste pour la soutenir publiquement. Moins de deux ans plus tard, Harry et Meghan furent contraints d'abandonner leurs fonctions officielles et de s'exiler au Canada. Dans une interview retentissante avec Oprah Winfrey en mars, Meghan confirma publiquement les comportements racistes dont elle fut la victime de la part de la famille royale et de ses courtisans. En fin de compte, la phrase célèbre du Guépard s'applique parfaitement à Elizabeth et aux Windsor : « Il faut que tout change pour que rien ne change. » ♛

1. Allusion au chant patriotique britannique de ce nom, composé en 1740 par Thomas Arne sur un poème de James Thomson, et parfois employé comme hymne national informel.

2. Arrivée des Caraïbes britanniques dans les années 1950-1960, la « génération Windrush » – du nom du premier navire débarqué en 1948 de la Jamaïque – avait obtenu en 1971 le droit de rester en Angleterre. Bien que pleinement citoyens, beaucoup furent incapables de justifier de leur statut lorsque le gouvernement de David Cameron renforça en 2012 la lutte contre l'immigration illégale. Ils subirent de nombreuses vexations et 80 d'entre eux furent expulsés. Ce scandale révélé en 2018 entraîna la démission de la ministre Amber Rudd.

SUDHIR HAZAREESINGH
Historien britannique, il est né à l'île Maurice, dans une famille de hauts fonctionnaires d'origine indienne. Spécialiste de l'époque contemporaine, il enseigne à Oxford et a été professeur invité à l'EHESS, à l'EPHE et à Sciences Po. Il a publié de nombreux ouvrages sur l'histoire et la culture politique française, dont Ce pays qui aime les idées : histoire d'une passion française, paru chez Flammarion en 2015 (grand prix du Livre d'idées). Sa dernière biographie, Toussaint Louverture, a paru en 2020 chez Flammarion.

Le véritable rôle de la monarchie est de perpétuer le principe d'un ordre hiérarchique et intemporel qui contredit les valeurs d'une société libérale et ouverte à tous les talents

LE « GLORIEUX » EMPIRE BRITANNIQUE

par ANURADHA ROY

QUELQUES JOURS avant le couronnement d'Elizabeth II en juin 1953, Tenzing Norgay et Edmund Hillary devinrent les premières personnes à atteindre le sommet de l'Everest. Tenzing se décrivait comme un homme « né dans le ventre du Népal et élevé dans le giron de l'Inde ». Hillary était néo-zélandais. L'expédition était menée par un officier militaire britannique, John Hunt, qui affirma dans un discours que les deux hommes représentaient le Commonwealth « tel qu'il devait l'être ». Les journaux rapportèrent la nouvelle, avec une arrogance impériale, comme le triomphe de l'Angleterre. « Rarement depuis que Francis Drake a ancré le *Golden Hind* dans le Plymouth Sound un explorateur britannique a-t-il offert à son souverain un si glorieux hommage », proclamait le *Times*. L'ascension fut célébrée en Grande-Bretagne comme le commencement d'une nouvelle ère élisabéthaine.

À quoi ressemblait l'ère d'Elizabeth II pour les ignares qui vivaient hors des îles enchantées gouvernées par cette nouvelle reine des fées ? L'anoblissement proposé à Norgay fut rejeté, suivant la tradition nationaliste indienne, par le Premier ministre Nehru. Le Premier ministre néo-zélandais, en revanche, accepta au nom d'un Hillary absent. Instinctivement républicain et opposé aux titres et honneurs royaux, Hillary déclara : « Ça aurait dû être un grand moment, mais à la place, j'étais atterré... malheureux plus que ravi. »

Distribuer les largesses royales aux anciens colonisés était une stratégie efficace d'autoglorification nationale. Après avoir pillé et appauvri de vastes parties du monde, l'Empire britannique, dont la tête et principale bénéficiaire était au bout du compte sa reine, entretenait son image de gentil disséminateur de la civilisation chrétienne à travers le mythe d'un Commonwealth glorieux au sein duquel les anciens sujets demeuraient de fidèles soldats de la reine. Dans son premier discours, Elizabeth déclara que son couronnement n'était « pas le symbole d'un pouvoir et d'une splendeur passés, mais une affirmation de nos espoirs pour l'avenir ». Jan Morris, alors jeune journaliste, avait accompagné l'expédition sur l'Everest en tant que reporter. « Maintenant, écrivait-elle soixante ans plus tard, je m'en souviens comme d'une allégorie. Peut-être de façon lyrique, voire légèrement émouvante, car la coïncidence de ce succès avec le lointain couronnement de la reine Elizabeth II me semble désormais être le chant du cygne du glorieux Empire britannique. »

Accompagnée par un entourage qui incluait son mari et sa sœur, la reine visita l'Inde quelques années plus tard, alors que le triomphe de l'Everest était encore dans tous les esprits. Sur son itinéraire se trouvait Jaipur, au Rajasthan. Ça ne faisait même pas vingt ans que l'Inde britannique appartenait au passé, et ma mère, désormais âgée de 83 ans, se rappelle l'excitation fiévreuse suscitée par la visite royale. L'apogée fut l'entrée d'Elizabeth à dos

d'éléphant dans la cour dorée du palais de Jaipur. Là, au milieu des princes parés de joyaux, se tenait ma mère, qui s'était vu accorder une place parmi cette foule aristocratique parce qu'elle avait été présidente adjointe des élèves dans une école qui appartenait à Gayatri Devi, la reine de Jaipur. Alors âgée de 42 ans, cette dernière survivrait à l'abolition des monarchies indiennes et deviendrait une formidable politicienne que la Première ministre Indira Gandhi percevrait comme une menace et emprisonnerait pendant des mois. Gayatri Devi partagea sa cellule avec une autre reine du centre de l'Inde, et il se dit qu'elles jouaient au badminton pour tuer le temps. Aux yeux de ma mère, ce sont toujours elles les vrais monarques, les authentiques, car elles luttèrent contre une autocrate sans jamais baisser les bras, ainsi que les Britanniques aiment conseiller au monde de le faire.

Dans la cour du palais se trouvait également la directrice de l'école. C'était une Britannique nommée Lillian Godfreda Donnithorne Lutter, une survivante de la longue marche de 1942 à travers la forêt tropicale de Birmanie[1]. Elle avait placé son ancienne présidente adjointe des élèves à tout juste trois mètres des deux reines. Vue de près, Elizabeth semblait quelconque à côté de la sublimement belle Gayatri Devi ; et à côté de la courageuse Miss Lutter, elle paraissait dénuée d'envergure. Une souveraine en visite devait être extraordinaire pour susciter autre chose que de la simple curiosité chez une jeune femme qui avait grandi dans un pays comportant 565 États princiers, chacun doté d'un roi et d'une reine, quand les Britanniques avaient quitté l'Inde en 1947.

Même si les monarques indiens avaient exercé un pouvoir considérable jusqu'à quelques décennies avant la Révolution française, après deux siècles de gouvernance britannique ils étaient devenus des fantoches. Tout comme Elizabeth aujourd'hui, ils existaient pour assurer la couleur locale et confirmer la politique du gouvernement. Ce que le gouvernement britannique d'aujourd'hui est pour la reine, le résident britannique l'était pour les monarques indiens conquis : s'ils faisaient ce qu'on leur disait, le résident les laissait avoir leurs chevaux, leurs chiens de chasse, leurs palais et leurs jolis habits. S'ils étaient vraiment dociles, ils avaient droit à un salut avec vingt et un canons. Ça ne semble pas les avoir bridés. Une histoire du roi d'Alwar – un État princier du Rajasthan – raconte ceci : le rajah, flânant seul à Londres un après-midi, entra dans un magasin Rolls-Royce où les vendeurs le traitèrent avec l'impolitesse qu'ils réservaient aux Indiens. Le rajah quitta les lieux furieux, mais revint un peu plus tard le même jour avec sa suite. Il acheta plusieurs Rolls-Royce qu'il fit transporter à Alwar. Là-bas, il les fit convertir en voitures-poubelles. Les véhicules de luxe patrouillaient désormais la ville pour ramasser les ordures et nettoyer les rues, des balais ayant été fixés aux célèbres phares. Cela perdura jusqu'à ce que Rolls-Royce s'excusât.

Le roi de Bahawalpur – un autre État princier indien – faisait également du shopping à l'étranger. En France, il fit fabriquer un lit en argent avec quatre sculptures de femmes nues très réalistes (véritables cheveux, couleurs imitant la chair) en guise de colonnes de lit. Quand un interrupteur était actionné, les cariatides en bronze lui faisaient des clins d'œil et l'éventaient au son du *Faust* de Gounod.

De façon moins provocante, la reine de Cooch Behar, mère de Gayatri Devi de Jaipur, rompit avec un puissant fiancé royal et se maria par amour à 18 ans, puis elle dansa et joua à travers l'Europe, portant des chaussures incrustées de diamants fabriquées par Salvatore Ferragamo. Dans un casino français, dans les années 1920, une femme observa avec émerveillement « la jeune femme indienne la plus fabuleusement belle, tenant le plus long porte-cigarette que j'aie jamais vu, portant un sari de soie brillante et couverte de perles, d'émeraudes et de rubis. Son visage était impassible mais elle avait une pile de jetons devant elle pour attester son succès, et pour parachever le tout, elle avait une tortue vivante dont le dos était orné de trois bandes d'émeraudes, de diamants et de rubis, qui lui faisait office de talisman. De temps à autre, la créature rampait à travers la table, mais elle la rattrapait à chaque fois. La foule était totalement subjuguée. »

Pour les observateurs indiens des rois et des reines, habitués à une telle flamboyance rococo, que les extravagances de la famille royale britannique étalées dans les tabloïds semblent ternes ! Adultères, difficultés avec des belles-filles rebelles, peut-être une pointe de sexe avant l'âge légal... La figure guindée de la reine britannique avec son sac à main assorti à sa tenue me rappelle les matriarches de ma famille élargie. C'étaient les tantes que P.G. Wodehouse décrivait comme le genre de femmes qui poussent les « hommes forts à grimper aux arbres et à les hisser derrière eux ». Pères, oncles, frères, tous se ratatinaient comme de vieilles laitues face à leurs commandements. Mais à mesure que ces familles élargies se fragmentèrent en familles nucléaires, ces matriarches se découragèrent et perdirent le contrôle. Telle fut l'image – celle d'une famille élargie en déliquescence – qui vint à l'esprit de la plupart des Indiens quand Harry et Meghan choisirent

1. Quand la Birmanie, colonie britannique depuis 1886, fut sur le point d'être envahie en 1942 par les Japonais, de nombreux Indiens installés là durent regagner leur pays par leurs propres moyens, le plus souvent à pied. Encore peu documentées, ces marches firent de nombreux morts.

Photographies

Page gauche : *Sir Edmund Hillary et le sherpa Tenzing Norgay au sommet de l'Everest le 29 mai 1953, couverture d'un supplément couleur original du* Times Everest *publié en 1953.*
© D AND S PHOTOGRAPHY ARCHIVES / ALAMY

Ci-contre : *Avec Sawai Man Singh II, le maharaja de Jaipur, à dos d'éléphant dans le palais du Rajasthan, lors de sa première visite d'État en Inde, le 3 février 1961.*
© COLLECTION PARTICULIÈRE

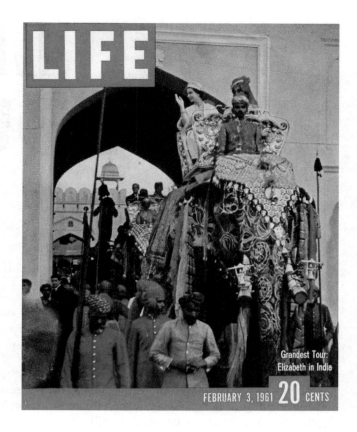

le sirop d'érable plutôt que la marmelade, le hockey sur glace plutôt que le cricket. Des parodies en hindi commencèrent à circuler, qui représentaient Elizabeth II en matrone impuissante peinant à maîtriser l'épouse clivante d'un petit-fils – une nouvelle version de saint Georges et le dragon, mais avec Meghan dans le rôle de saint Georges et Elizabeth dans celui du dragon.

Il n'est pas surprenant que la reine soit considérée avec un certain cynisme dans des lieux comme l'Inde et le Pakistan. Par exemple, quand nous voyons les joyaux de la couronne, que ce soit sur Netflix ou dans la vraie vie, le plus gros diamant parmi eux, le Koh-i-Noor, nous adresse des clins d'œil lourds de sens. Cette pierre géante, peut-être extraite d'une mine du sud de l'Inde aux alentours du XVIe siècle, fut saisie par la Compagnie anglaise des Indes orientales en 1850 en tant que butin de guerre et envoyée à la reine Victoria en guise d'hommage. Elle devint la pièce maîtresse de la couronne portée par les reines. Pour les Indiens, elle continue de symboliser deux cents ans de pillage, de racisme et de dévastation. Mais bien avant l'avènement des *fake news*, les Britanniques avaient déjà convaincu la plus grande partie du monde que le souverain du Punjab, à qui appartenait le diamant, avait *vraiment* voulu l'offrir à Victoria.

Victoria avait au moins la force de personnalité qui va avec le pouvoir : si elle voulait un diamant ou un pays, elle l'obtenait. La première Elizabeth aussi avait la ruse, la cruauté et le dynamisme nécessaires pour gouverner en tant que femme dans un monde d'hommes. Elizabeth II n'a que ses corgis, mais pour compenser le fait qu'elle a été dépouillée de tout pouvoir et abondamment tournée en ridicule dans les tabloïds, les Britanniques ont réussi à vendre l'idée qu'elle incarne cette vertu royale suprême : la « dignité ».

Et il est plutôt essentiel qu'elle l'incarne car, n'étant ni une intellectuelle, ni une philosophe, ni une artiste, elle ne semble pas avoir grand-chose d'autre. Une fois qu'on a passé en revue les courses de pigeons, la philatélie, l'équitation et son soutien à Arsenal, on atteint à peu près les limites de ses intérêts. Si elle était née dans une famille de la classe moyenne à, disons, Tooting, elle aurait pu être une vieille dame qui se traînerait dans les allées d'un supermarché avec ses courses hebdomadaires durement gagnées. À la place, elle est une vache sacrée pour les Britanniques royalistes qui aiment s'incliner devant des aristocrates titrés, qui ont

simplement le pouvoir depuis des générations parce qu'ils ont hérité de vastes fortunes. Pour les Indiens habitués aux odieuses atrocités du système de castes, qui attribue la position sociale en fonction du hasard de la naissance, c'est désagréablement familier.

Récemment, quelqu'un m'a envoyé un diaporama de photos montrant Elizabeth au fil des années en compagnie de présidents des États-Unis. Son sourire radieux durant ses rencontres avec Eisenhower et Kennedy s'estompe à mesure qu'elle croise les Reagan, les Bush, les Clinton. Quand nous en arrivons à Trump, sa bouche est figée et elle ressemble à la statue renfrognée de la reine Victoria qu'on trouve dans un musée de Calcutta baptisé d'après cette ancêtre d'Elizabeth. Cette statue a été ma première rencontre avec un membre de la famille royale britannique, et chaque fois que je la voyais, des corbeaux volubiles blanchissaient ses cheveux de leurs fientes. C'est un mystère qu'elle ait survécu à Calcutta quand les déboulonnages de Saddam Hussein et de Lénine montrent combien il est contestable de commémorer des oppresseurs. Dans la capitale indienne, les monarques britanniques vandalisés ont été rassemblés sur un terrain connu sous le nom de parc du Couronnement où, en 1877, Victoria avait été proclamée impératrice des Indes. Des efforts peu enthousiastes ont transformé le parc en une sorte de Madame Tussauds de pierre. La statue de Georges V, sans nez, se dresse sur un socle de grès dans cet environnement aride en compagnie de quelques autres. Mais ce destin sera épargné à la dignité d'Elizabeth II. Elle a la chance de ne jamais avoir régné sur l'Inde – sauf dans l'imaginaire des Britanniques. ♔

Traduit par Fabrice Pointeau

ANURADHA ROY
Écrivaine et journaliste, elle a collaboré, après des études à Calcutta et Cambridge, à plusieurs quotidiens et magazines indiens. Elle réside en Inde, où elle est codirectrice de la maison d'édition Permanent Black. Lauréate du DSC Prize for Fiction en 2016 pour son troisième roman, *Sous les lunes de Jupiter* (Actes Sud, 2017), elle a récemment publié en France *Toutes ces vies jamais vécues* (id., 2020).

LE SACRE DES COULEURS VIVES

par MICHEL PASTOUREAU

LA REINE ELIZABETH est-elle la personne la plus photographiée au monde ? Sur une année, probablement pas. Mais sur l'ensemble des soixante-neuf années de son règne, certainement. Depuis son accession au trône, des millions de photos la montrent à différents âges, dans toutes sortes de circonstances, presque toujours officielles. Celles qui appartiennent à sa vie privée, en revanche, nous échappent le plus souvent. Dès la fin des années 1950, ces photos sont en couleurs, bientôt largement relayées par la télévision puis par d'autres médias. Elles permettent de dresser la palette vestimentaire de la souveraine. À dire vrai, cette palette est si diversifiée qu'il vaut mieux procéder par soustraction : il semble n'y avoir qu'une seule couleur que la reine ne porte jamais, le beige. Est-ce parce qu'elle ne l'aime pas ou parce que cette teinte est trop fade pour la doter de ce que l'on nomme aujourd'hui une « forte identité visuelle » ? Il est en effet frappant de constater qu'Elizabeth porte presque toujours des couleurs vives, voire très vives, qui la mettent en valeur et la distinguent aussi bien du commun des mortels que de son proche entourage. D'autant que, le plus souvent, il s'agit de couleurs unies. Motifs, ornements, fioritures et bariolages sont bannis de sa garde-robe, non seulement parce que seul l'uni est élégant, digne, pleinement aristocratique, mais aussi parce que la reine se doit de pratiquer une sorte d'« héraldique de la couleur ». Certes, ses tenues vont au-delà des sept couleurs du blason, mais il s'agit de déclinaisons chromatiques, c'est-à-dire de nuances et de nuances de nuances. La plupart peuvent être regroupées en huit grandes catégories colorées, citées ici dans un ordre de fréquence approximatif : bleu, vert, blanc, jaune, violet, rose, rouge, noir. Le gris, le brun et l'orangé sont nettement plus rares. Mais évidemment, au fil des années et des décennies, il y a eu des modes, des ruptures et des renouvellements. L'observateur a l'impression que plus la reine prend de l'âge et diminue en taille, plus elle porte des couleurs voyantes et des chapeaux surélevés.

Si les couleurs portées par Elizabeth sont vives et unies, elles ne sont jamais criardes. En revanche, elles ne sont pas toujours franches, du moins pas pour un œil continental. Quand il s'agit du bleu, du vert, du jaune, du rouge et même du rose, il y a toujours un léger écart par rapport à l'archétype de la couleur. Le rouge n'est pas pleinement rouge mais tire soit vers le corail, soit vers le violacé. Le rose est fuchsia ou saumoné, jamais layette. Le jaune, doré, safrané, ambré ou même poussin, mais pas mimosa ni canari (et, bien sûr, jamais moutarde, ce serait une abomination). Le vert surtout, qu'il soit clair ou foncé, pâle ou saturé, discret ou *flashy*, est rarement un vert franc. Il est décliné de manière fort subtile : menthe, tilleul, sapin, émeraude, amande, jade, céladon et même canard ou grenouille. C'est l'indispensable

british touch. L'observateur a souvent l'impression que telle ou telle nuance portée par la reine ne peut se rencontrer qu'au Royaume-Uni, peut-être même qu'en Angleterre, l'Écosse se livrant rarement à de pareilles excentricités colorées.

C'est en effet quand elle est reine d'Angleterre qu'Elizabeth II s'affiche dans ces tons vifs, unis et saturés qui font d'elle un personnage de théâtre ; moins me semble-t-il quand elle est reine d'Écosse. À Édimbourg, à Aberdeen, à Balmoral ou dans les Highlands, le tartan ou le tweed sont de rigueur. À ce propos, n'oublions jamais qu'Elizabeth est reine d'Écosse *avant* d'être reine d'Angleterre : en 1603, c'est le roi d'Écosse Jacques VI Stuart qui est devenu *aussi* roi d'Angleterre, non le contraire. Le drapeau britannique le rappelle du reste constamment : le sautoir d'Écosse (croix de Saint-André) occupe la place d'honneur, c'est-à-dire, en vexillologie, le plan du fond ; la croix d'Angleterre (celle de Saint-Georges) ne vient que dans un deuxième temps, par-dessus en quelque sorte ; tandis que le sautoir d'Irlande du Nord (croix de Saint-Patrick) ferme la série en s'inscrivant sur le plan de devant, le moins valorisé. D'où, malgré la présence du rouge, cette dominante bleu et blanc que revêt le drapeau britannique : ce sont les couleurs de l'Écosse.

Lorsqu'il regarde la reine mise en scène dans ses étonnantes couleurs vives et photographiée comme une véritable actrice – car c'est bien de cela qu'il s'agit –, l'observateur se pose un certain nombre de questions. À commencer par celle-ci : qui choisit les couleurs qu'Elizabeth porte en telle ou telle circonstance ? A-t-elle son mot à dire ? Des goûts personnels ? Des conseillers privés ? Ou bien toute une équipe officielle l'assiste-t-elle dans ses choix ? Il est probable qu'il y a eu une évolution au fil du temps, mais dans quel sens ? La reine affirmait-elle davantage ses préférences lorsqu'elle était plus jeune ? On aurait tendance à le croire, mais il est difficile de répondre lorsque l'on n'est pas spécialiste des Windsor, de leurs codes et de leurs rites. La seule chose qui soit de notoriété publique, c'est l'influence considérable exercée par la reine mère sur sa fille, et ce en tous domaines, jusqu'à sa mort, à 101 ans.

Lorsque la famille royale apparaît groupée – au balcon, par exemple –, la distribution des couleurs habillant les dames n'est en rien laissée au hasard. Aucune des femmes de la famille ne porte la même couleur que la reine, ni du reste qu'aucune autre femme présente : fille, belles-filles, petites-filles, nièces, cousines et autres portent des teintes différentes. Tout cela est pensé, réglé, décliné et mis en scène à l'avance par un service du protocole particulièrement attentif et efficace. Rien n'est improvisé. De même, le lieu, l'heure et la saison sont pris en compte et influencent le choix des couleurs : jamais on ne verra la reine vêtue de vert sur un

champ de courses ou dans un jardin – l'écart chromatique serait insuffisant pour la mettre en valeur. Ces pratiques codifiées et surcodifiées restreignent évidemment les libertés de la souveraine. C'est du reste le cas dans toutes les monarchies européennes, où le chef de l'État n'a aucun pouvoir réel, pas même celui de se vêtir selon son goût. Dans ses fonctions de représentation, c'est un acteur en costume, prisonnier d'une étiquette. Il doit s'y conformer et être immédiatement reconnu comme le souverain. Mais dans une république démocratique, en va-t-il autrement ? Un président, une chancelière, un Premier ministre peuvent-ils s'habiller comme ils l'entendent ? Ce n'est pas certain.

Par ailleurs, existe-t-il des moments ou des situations où la reine Elizabeth doit se faire remplacer, se dédoubler, se multiplier (n'est-elle pas chef de l'État dans vingt-trois pays du monde ?) voire, pour des raisons de sécurité, se cacher et mystifier son public. En un mot : a-t-elle des sosies qui tiennent sa place ? Je l'ignore, mais si c'est le cas, c'est aujourd'hui un rôle assez facile : sa silhouette n'a rien de particulièrement remarquable, mis à part sa petite taille ; ses traits non plus, surtout vus de loin. Ce qui fait qu'elle est la reine, c'est la couleur qu'elle porte : toujours une couleur vive, qui tranche avec celles qui l'entourent et qu'aucune femme de son âge n'oserait porter. Dissimuler le monarque pour le protéger n'est plus dans les usages d'aujourd'hui. Autrefois, c'était chose assez courante, notamment au Moyen Âge. Ainsi à Poitiers, en 1356, sur le champ de bataille où s'affrontaient les Français et les Anglais, six faux Jean le Bon ont combattu déguisés en roi de France. Au demeurant, la ruse échoua : le vrai roi fut reconnu, fait prisonnier, emmené à Londres, et la France dut payer la rançon la plus élevée jamais demandée pour la libération d'un souverain.

Mieux vaut, comme la reine Elizabeth, se doter d'une singulière identité visuelle et se montrer en toutes occasions vêtue de couleurs vives. *Color save the queen !* ♛

MICHEL PASTOUREAU

Historien, il occupe la chaire d'histoire de la symbolique occidentale à l'École pratique des hautes études (EPHE) depuis 1983. Spécialiste des couleurs, il a étudié celles-ci dans de nombreux ouvrages dont l'un, *Les Couleurs de nos souvenirs* (Seuil, 2010), a obtenu le prix Médicis essai. Il a récemment publié *Le Taureau : une histoire culturelle* (id., 2020), livre dans lequel il retrace le parcours à travers le temps de cette figure symbolique, le plus sauvage des animaux domestiqués, jusqu'aux polémiques contemporaines sur la tauromachie.

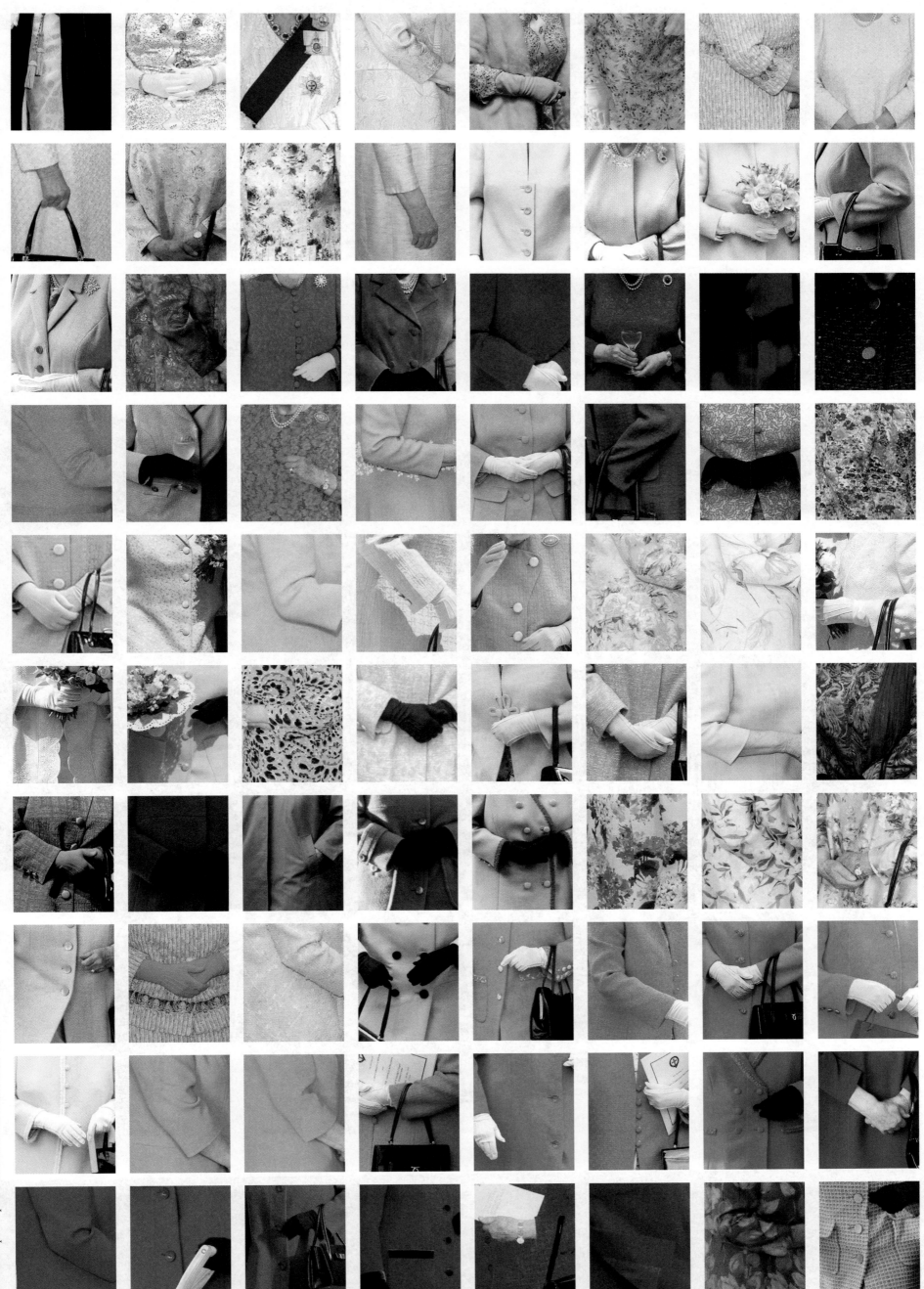

PORTFOLIO

THE ROYAL TOUR

01 Double précédente : *Accompagnée de son mari, le prince Philip, la reine Elizabeth II accomplit sa première visite officielle en Australie. Le 3 février 1954, elle arrive à Sydney et découvre en décapotable cette ville qui lui réserve un accueil exceptionnel. Ici, le cortège vient de passer sous une arche des Aborigènes en descendant Park Street.*

02 À gauche, en haut : *En débarquant sur le ponton de Farm Cove, une crique dans la baie de Sydney, Elizabeth II est escortée par le gouverneur général, Sir William Slim, tandis que le duc d'Édimbourg est flanqué du gouverneur de la Nouvelle-Galles du Sud, Sir John Northcott. Ils sont suivis par le Premier ministre australien, Robert Gordon Menzies (à droite) et le Premier ministre de l'État de la Nouvelle-Galles du Sud, John Joseph Cahill.*

03 / 04 À gauche, en bas et page de droite : *Le 6 février 1954, la reine et son mari saluent la foule qui s'est agglutinée sur leur passage, le long d'Elizabeth Street, la grande rue du quartier des affaires de Sydney. Plus d'un million d'habitants de la ville se sont déplacés pour découvrir leur jeune souveraine.*

05 *Elizabeth II prononce un discours devant la foule massée à l'extérieur de l'hôtel de ville d'Adélaïde, chef-lieu de l'Australie-Méridionale. Au cours de son long séjour, elle s'est rendue dans une soixantaine de villes et a prononcé une centaine d'allocutions.*

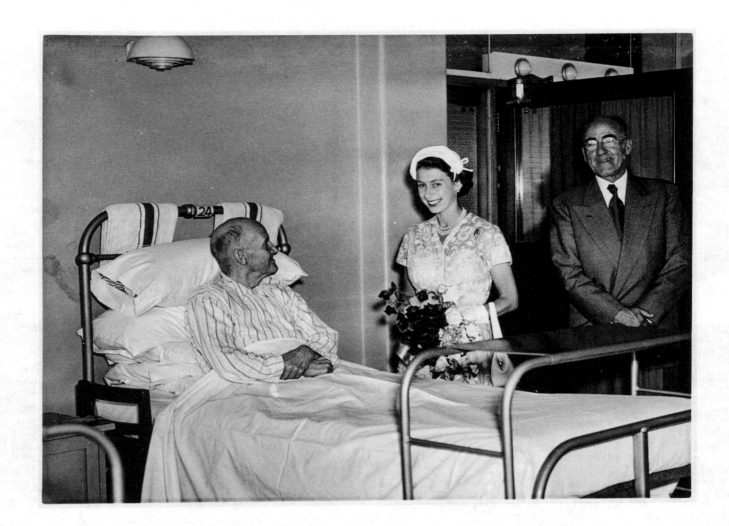

06 Double précédente :
*À Sydney, dans
l'immense stade de
cricket, des milliers
d'écoliers sont
rassemblés en grands
cercles concentriques,
le 5 février 1954. La reine
et son mari saluent ces
jeunes, debout sur leur
Land Rover qui parcourt
l'allée la plus proche
du centre (à gauche).*

07 À gauche, en haut :
*Elizabeth II, en visite à
un patient de l'hôpital
général de rapatriement
(pour les militaires
rentrés de la Seconde
Guerre mondiale),
pose pour le photographe
en compagnie du
surintendant médical,
le 5 février 1954.*

08 À gauche, en bas :
*Des moutons
soigneusement alignés
sont montrés à la
reine lors de sa visite
à la foire agricole de
Dubbo (Nouvelle-
Galles du Sud),
le 10 février 1954.*

09 À droite : *À Broken
Hill (Nouvelle-Galles
du Sud), Elizabeth II
lit un discours pour la
radio du Flying Doctor
Service, une organisation
de secours médical
aérien, le 18 mars 1954.*

10 *Sa Majesté salue les aborigènes venus du Territoire du Nord pour lui rendre honneur, au Memorial Oval de Whyalla (Australie-Méridionale), le 20 mars 1954.*

11 Double précédente : *Dans leur Land Rover, le long de la plage de Bondi (banlieue de Sydney), la reine et son époux assistent à un exercice de sauvetage, le 6 février 1954.*

12 À gauche : *La reine a emprunté l'avion une trentaine de fois au cours de son séjour de huit semaines. Ici, elle arrive à l'aéroport de Brisbane (capitale de l'État du Queensland), le 9 mars 1954.*

13 À droite, en haut : *Pour fêter son arrivée à Sydney, un feu d'artifice est tiré dans le port.*

14 À droite, en bas : *À Mount Gambier (Australie-Méridionale), l'église Saint-Paul a été décorée d'une grande banderole portant les mots : « Dieu bénisse notre reine », le 26 février 1954.*

LA FOLIE EN AUSTRALIE

C'EST UN VOYAGE d'un autre temps, effectué à bord du yacht royal *SS Gothic* depuis les Bermudes. Débarquant à Sydney, le 3 février 1954, en compagnie du prince Philip, Elizabeth II vient juste d'accéder à la Couronne. À 27 ans, elle se rend pour la première fois en Australie, dont elle est aussi la souveraine. Dans l'histoire de cette nation, cette visite est à marquer d'une pierre blanche, car aucun monarque britannique régnant n'avait foulé son sol depuis le début de sa colonisation, en 1788.

Au long de ces huit semaines de séjour, le tout jeune chef du Commonwealth reçoit un accueil phénoménal, comme si tout un pays s'arrêtait. De fait, les trois-quarts des huit millions d'Australiens se déplacent pour la voir. Sur les 1,8 million d'habitants que compte alors Sydney, plus d'un million s'agglutine sur le port et dans les rues pour regarder passer le cortège.

Animée d'une énergie souriante, la reine sillonne cette nation-continent d'ouest en est et du sud au nord, empruntant l'avion, un train royal spécial, mais aussi la voiture et un paquebot pour visiter la quasi-totalité des États. Elle visite une soixantaine de villes, prononce une centaine de discours, remplit tout un stade, ouvre une session du Parlement. Elle voit tout le monde : des aborigènes aux surfeurs en passant par des dizaines de milliers d'écoliers, qui s'en souviendront leur vie durant. Une foule bruyante et agitée, qualifiée de *tumultuous* par la presse, vient la saluer. Un immense vent de curiosité souffle sur le pays. La monarchie n'a jamais été aussi populaire.

On remarque ses chapeaux immenses et si décoratifs, mais on note aussi qu'elle évite les lunettes de soleil, alors que beaucoup en portent durant l'été austral. La radio et la télévision australiennes la suivent en permanence. Chacun peut sentir qu'elle file le parfait amour avec l'homme qu'elle a épousé six ans plus tôt. Mais leurs deux enfants, Charles (5 ans) et Anne (3 ans), ne sont pas de la partie : il a été jugé préférable de les laisser à Londres.

Il faut dire que le couple séjourne en Australie dans le cadre d'un périple de six mois à travers le Commonwealth, à l'heure où se profile la décolonisation. Cette expédition l'a conduite d'abord en avion depuis Londres jusqu'aux Bermudes, puis en bateau à la Jamaïque, aux îles Fidji et Tonga, avant d'arriver en Nouvelle-Zélande et finalement à Sydney. Après l'Australie, cap sur Ceylan, puis sur Aden, visite en Ouganda, escales à Malte et à Gibraltar, avant de regagner Buckingham.

Pour Elizabeth II, qui a commencé à apprendre son métier de reine auprès de son Premier ministre et mentor, Winston Churchill, ce premier tour du monde a tout d'un acte fondateur : elle incarne désormais pour des décennies le Commonwealth, cette libre association de puissances rebâtie sur cet empire impérial d'un autre âge. Son rayonnement est immense, la responsabilité colossale, mais on la découvre sûre d'elle-même et sereine. ♛

François Vey

15 *À bord du* SS Gothic, *un paquebot transformé en yacht royal, Elizabeth II fait son entrée dans le port de Sydney devant une foule enthousiaste.*

Photographies

© FREDEN / THE COLLECTIONS OF THE STATE LIBRARY OF NEW SOUTH WALES
© ADVERTISER NEWSPAPERS LTD / THE STATE LIBRARY OF SOUTH AUSTRALIA
© ARTHUR STUDIO (MOUNT GAMBIER, S.A / THE STATE LIBRARY OF SOUTH AUSTRALIA
© NSW STATE ARCHIVES

AU MIROIR DE L'HISTOIRE

illustrations CLAIRE MARTHA

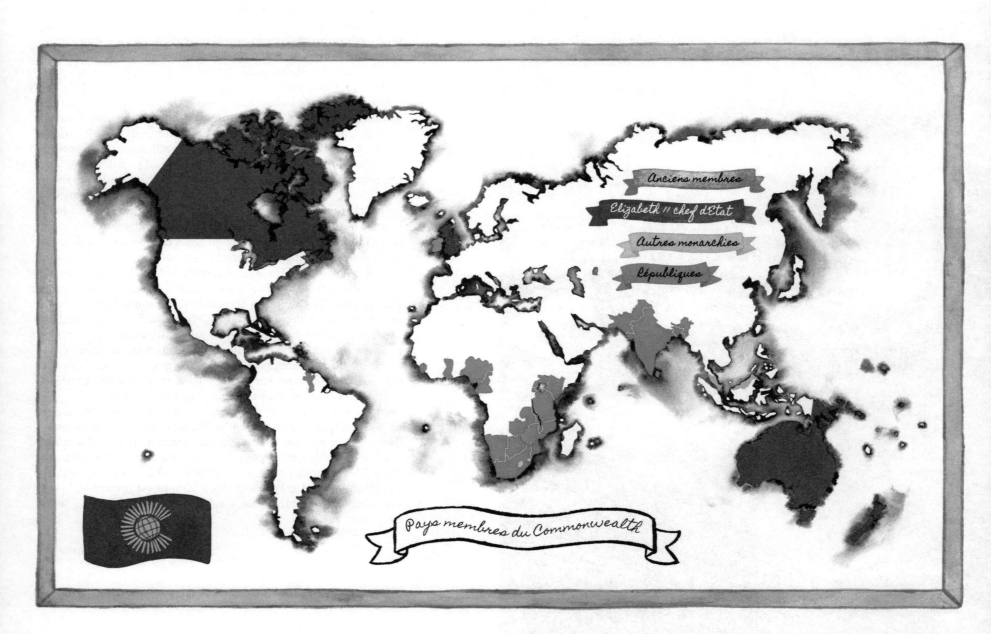

FORT DE 54 PAYS, le Commonwealth constitue une libre association d'États souverains, qui a pour chef la reine Elizabeth II. Cette institution internationale créée en 1931 et redéfinie en 1947 (quand s'est amplifié le mouvement de décolonisation), a pour objectif d'entretenir des relations de coopération (culturelle, économique, sportive) et d'amitié entre ses membres. Elle a connu un accroissement très important de son périmètre au cours de la seconde moitié du XXᵉ siècle avec l'entrée de nations comme le Nigeria, le Kenya, le Bangladesh, le Cameroun, l'Ouganda ou la Tanzanie.

Elle compte aujourd'hui seize monarchies dont Elizabeth II est la souveraine, parmi lesquelles figurent l'Australie, le Canada et la Nouvelle-Zélande. Mais aussi cinq autres royaumes ayant leur propre souverain, comme le Brunei, la Malaisie ou le Lesotho. Le Commonwealth comporte en son sein trente-deux républiques, tels l'Afrique du Sud, l'Inde ou le Pakistan. Enfin, deux pays s'en sont retirés : l'Irlande en 1948, et le Zimbabwe, en 2003. ♚

Victoria
1819 - 1901

Albert
1819 - 1861

1837 - 1901

Victoria
1840 - 1901

Edward VII
1841 - 1910

Alexandra
1844 - 1925

1901 - 1910

Alice
1843 - 1878

Alfred
1844 - 1900

Helena
1846 - 1923

Louise
1848 - 1939

Arthur
1850 - 1942

Leopold
1853 - 1894

Beatrice
1857 - 1944

Albert
1864 - 1892

George V
1865 - 1936

Mary
1867 - 1953

1910 - 1936

Louise
1867 - 1931

Victoria
1868 - 1935

Maud
1869 - 1938

John
1871 - 1871

Edward VIII
1894 - 1972

George VI
1895 - 1952

Elizabeth
1900 - 2002

Mary
1897 - 1965

Henry
1900 - 1974

George
1902 - 1942

John
1905 - 1919

1936 - 1936

1936 - 1952

Elizabeth II
1926 -

Philip
1921 -

Margaret
1930 - 2002

Antony
1930 - 2017

1952 -

Camilla
1947 -

Charles
1948 -

Diana
1961 - 1997

Timothy
1955 -

Anne
1950 -

Mark
1948 -

Andrew
1960 -

Sarah
1959 -

Edward
1964 -

Sophie
1965 -

William
1982 -

Kate
1982 -

Harry
1984 -

Meghan
1981 -

George
2013 -

Charlotte
2015 -

Louise
2018 -

Archie
2014 -

Les règnes

décès de George V — 1936

Couronnement d'Edward VIII

Couronnement de George VI

décès de George VI — 1952

Couronnement d'Elizabeth II

Les Premiers ministres

1924 Stanley Baldwin

1929 Ramsay MacDonald

1937 Neville Chamberlain

1940 Winston Churchill

1945 Clement Atlee

1951 Winston Churchill

1955 Anthony Eden

1957 Harold Macmillan

1963 Alec Douglas-Home

1964 Harold Wilson

1970 Edward Heath

1974 Harold Wilson

1976 James Callaghan

1979 Margaret Thatcher

1990 John Mayor

1997 Tony Blair

2007 Gordon Brown

2010 David Cameron

2016 Theresa May

2019 Boris Johnson

La vie de la reine

1926 Naissance le 21 Avril

Elizabeth Alexandra Mary

1930 Naissance de sa sœur Margaret

1936 Devient héritière de la Couronne après l'abdication de son oncle Edward VIII

1940 Premier discours à la BBC

1942 S'engage dans le premier régiment d'infanterie

1947 Mariage avec le prince Philip

1948 Naissance de son fils Charles

1950 Naissance de sa fille Anne

1952 Accession au trône après la mort de son père George VI

In Memoriam
His late Majesty King George VI

1953 Couronnement en Mondovision

1960 Naissance de son fils Andrew

1960 Reçoit le Général de Gaulle à Londres

1964 Naissance de son fils Edward

1969 Intronisation de son fils aîné Charles

1977 Jubilé d'argent (vingt-cinq ans de règne)

1980 Mariage de Charles avec Diana Spencer

1979 Assassinat de Lord Mountbatten, cousin de la reine, par des membres de l'IRA

Daily Mirror — Murdered by the IRA

1992 Divorces de sa fille Anne et de son fils Andrew

1993 La reine accepte de payer des impôts sur ses revenus personnels

1997 Obsèques de la princesse Diana

1996 Divorce entre Charles et Diana

2002 Jubilé d'or (cinquante ans de règne)

2005 Mariage de Charles avec Camilla Parker-Bowles

2011 Mariage de son petit-fils William avec Kate Middleton

2012 Jubilé de diamant (soixante ans de règne)

2013 Naissance de son premier arrière-petit-fils, George

2018 Mariage de son petit-fils Harry avec Meghan Markle

1928 Les femmes obtiennent le droit de vote dès 21 ans

1926 Une grève générale à l'appel du Trade Union Congress paralyse tout le pays durant onze jours en mai

1933 Le Parlement irlandais vote la rupture des liens avec la Couronne britannique

1936 Crise monarchique : contraint de choisir entre le trône et son désir d'épouser Wallis Simpson, une Américaine divorcée, le roi Edward VIII décide d'abdiquer. Son frère lui succède sous le nom de George VI. Premières émissions télévisées de la BBC

1938 Institution des congés payés

1946 Accès gratuit des citoyens britanniques aux soins médicaux

1947 La scolarité obligatoire est prolongée jusqu'à 15 ans

1952 La Grande-Bretagne fait exploser sa première bombe atomique

1955 Démission de Churchill, à 80 ans

1960 Début du succès des Beatles

1962 Apparition de la minijupe de Mary Quant

1964 Abolition de la peine de mort

1967 Légalisation de l'avortement

1975 Début de l'exploitation du pétrole en mer du Nord

1978-1979 Vague de grèves durant l'hiver chez les camionneurs, les éboueurs, dans les hôpitaux et une partie du secteur public

1981 Vagues d'émeutes dans les banlieues noires de Liverpool et de Londres (Brixton) ; grèves de la faim parmi les prisonniers politiques en Irlande du Nord, mort de Bobby Sands

1984 Attentat de l'IRA contre le congrès annuel du parti conservateur, à Brighton ; début d'une grève de onze mois parmi les mineurs

1982 Pour la première fois depuis les années 1930, le pays compte plus de 3 millions de chômeurs

1989 La Grande-Bretagne rejoint le SME (Système monétaire européen)

1990 Démission de Margaret Thatcher

1994 Inauguration du tunnel sous la Manche

1992 L'Église anglicane accepte le ministère des femmes

1999 Instauration d'un revenu minimum

2007 Inauguration de l'Eurostar entre Londres et Paris

2016 Le camp Brexit l'emporte lors d'un référendum

2014 Le non à l'indépendance s'impose lors du référendum sur l'avenir de l'Écosse

2020 Le Royaume-Uni quitte l'Union européenne

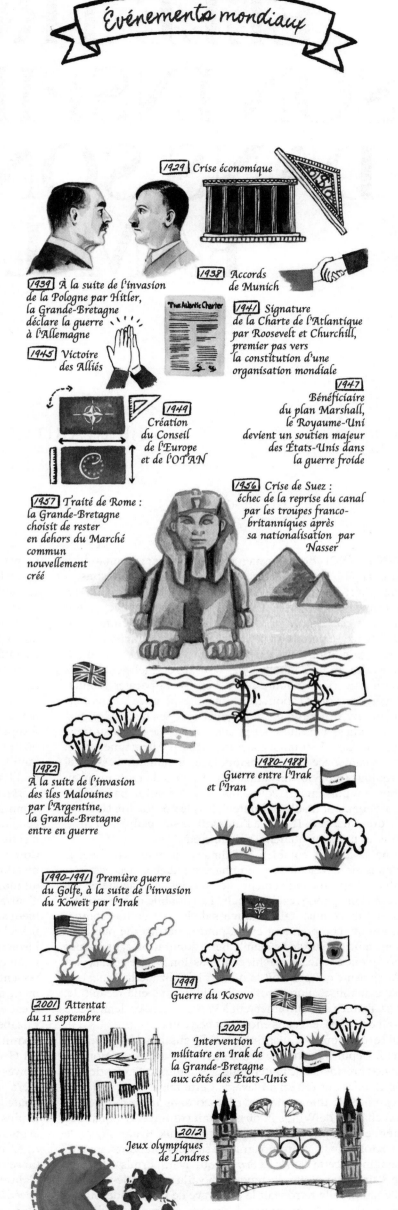

1929 Crise économique

1938 Accords de Munich

1939 À la suite de l'invasion de la Pologne par Hitler, la Grande-Bretagne déclare la guerre à l'Allemagne

1941 Signature de la Charte de l'Atlantique par Roosevelt et Churchill, premier pas vers la constitution d'une organisation mondiale

1945 Victoire des Alliés

1949 Création du Conseil de l'Europe et de l'OTAN

1947 Bénéficiaire du plan Marshall, le Royaume-Uni devient un soutien majeur des États-Unis dans la guerre froide

1956 Crise de Suez : échec de la reprise du canal par les troupes franco-britanniques après sa nationalisation par Nasser

1957 Traité de Rome : la Grande-Bretagne choisit de rester en dehors du Marché commun nouvellement créé

1982 À la suite de l'invasion des îles Malouines par l'Argentine, la Grande-Bretagne entre en guerre

1980-1988 Guerre entre l'Irak et l'Iran

1990-1991 Première guerre du Golfe, à la suite de l'invasion du Koweït par l'Irak

1999 Guerre du Kosovo

2001 Attentat du 11 septembre

2003 Intervention militaire en Irak de la Grande-Bretagne aux côtés des États-Unis

2012 Jeux olympiques de Londres

2020 Pandémie mondiale du coronavirus

ELLE TROUVE SON INSPIRATION DANS SON PASSÉ FAMILIAL

par BERNARD COTTRET

« EN FRANCE, disait-on naguère pour plagier Beaumarchais dans *Le Mariage de Figaro*, tout finit par des chansons. » On pourrait presque en dire autant de l'Angleterre. Entonnée en 1943, une curieuse ritournelle a effectué son puissant *come-back*, ou, disons plutôt, a entamé une nouvelle percée en 2020, en plein épisode du coronavirus : *We'll Meet Again*, littéralement « Nous nous reverrons », l'un des tubes des années 1940[1]... Quel bon ange, quel génie de la communication a soufflé à Elizabeth II ces paroles prophétiques, ces mots d'espoir, ces termes d'espérance qui permettaient aux Britanniques de renouer avec les heures les plus pathétiques, mais aussi les plus héroïques de leur histoire[2] ? Face au Covid, comme naguère face à l'Allemagne nazie, face à la menace d'une invasion, face au malheur, l'essentiel a toujours été pour nos amis britanniques de tenir jusqu'au bout en puisant en soi, dans une mémoire patriotique profondément insulaire, toute l'énergie nécessaire. Une fois encore, Elizabeth II a été à l'unisson de son peuple, en trouvant les mots qui allaient droit au cœur.

Je ne savais pas combien je l'aimais, ou plutôt combien je m'étais attaché à elle et à son image immuable, avec ses inusables chapeaux aux couleurs des saisons. À chacune de ses prestations publiques désormais, l'anglophile que je suis est assailli de commentaires flatteurs de la part de nos compatriotes qui comprennent enfin, pour le partager le plus souvent, mon amour de ce peuple fier, l'admiration sans bornes que je voue à cette monarchie et ma passion avouée pour la part d'archaïsme qui poursuit la modernité. Elizabeth II incarne, elle symbolise, plus encore, elle additionne, elle récapitule. 1952, l'année du couronnement à Westminster, ce demi-siècle avait deux ans, et j'étais encore au berceau !

Elle est toujours là, aussi impeccable, aussi nickel qu'un sou neuf. Depuis le début de son règne, nous avons usé nombre de nos présidents de la République qui tous, à l'exception de De Gaulle, ont rétréci au lavage. Cette reine de 93 ans s'est exprimée, le dimanche 5 avril 2020 dans la soirée, depuis son château de Windsor, où elle était confinée. Évoquant ce premier discours qu'elle avait adressé aux Britanniques le 10 octobre 1940, en compagnie de sa sœur Margaret, au lendemain de cette *Battle of Britain* qui avait permis à l'armée de l'air britannique de repousser vaillamment les assauts allemands, elle retrouvait le ton grave de la Seconde Guerre mondiale : « Je m'adresse à vous à un moment décisif.

Le pays a été grandement perturbé ; certains ont été directement frappés en leur chair par le malheur, d'autres ont souffert de difficultés financières, tous ont été affectés par d'énormes changements dans leur vie quotidienne. La reine a remercié solennellement au nom de la nation les soignants, y compris les plus modestes, qui se sont tous dévoués pour leurs compatriotes ; elle n'a pas oublié les autres personnels et les anonymes restés chez eux pour veiller sur leur famille, tout particulièrement sur les personnes les plus vulnérables. Et cette conclusion, pleine de pragmatisme, à la limite de la désinvolture : « Nous serons heureux d'apprendre que, même si nous ne sommes pas au bout de nos peines, nous reverrons nos amis, nous reverrons nos familles, nous nous reverrons. » Par l'un de ces hasards qui font l'histoire, Vera Lynn, la célèbre interprète de *We'll Meet Again*, est morte au moment du déconfinement.

Comme chaque fois que la Grande-Bretagne est en danger, la reine se tourne vers l'empire (son aïeule Victoria n'était-elle pas impératrice des Indes ?). Ou plutôt vers le Commonwealth qui lui a succédé au moment de la décolonisation. « Partout dans le Commonwealth et tout autour du monde, nous avons été abreuvés de récits réconfortants d'entraide, qu'il s'agit de partager de la nourriture ou des médicaments, d'aider ses voisins ou de se retrousser les manches pour participer à l'effort collectif. Et, bien que l'isolement soit douloureux, beaucoup d'hommes et de femmes de toutes confessions et de toutes convictions ont ressenti le besoin de prendre le temps de réfléchir, de prier ou de méditer. »

C'est en elle-même, dans son passé familial, que la reine Elizabeth trouve son inspiration, en évoquant la belle unanimité nationale qui s'était alors constituée autour du roi George VI, son père, et de la reine sa mère, Elizabeth Bowes-Lyon, morte à 101 ans en mars 2002. Cette reine mère, affectueusement surnommée *Queen Mum*, est sans doute le personnage iconique auquel Elizabeth II s'assimile le plus avec les années. Plus elle avance en âge, et plus elle évoque sa mère ; elle gagne même un peu plus en humanité, tout en gardant le contrôle de ses émotions que dicte un sens aigu du devoir et des obligations liées à sa fonction. L'autre personnage central est évidemment la reine Victoria, décédée en 1901, sorte de grand-mère absolue des dynasties régnantes : elle et son arrière-arrière-petite-fille battent

1. Écrite par Ross Parker et Hughie Charles en 1939, cette chanson avait connu un grand succès auprès des pilotes de la RAF lors de la bataille d'Angleterre, puis auprès de la population entière.

2. Le 5 avril 2020, la reine a fait référence à cette chanson dans un discours télévisé destiné à soutenir l'effort du pays dans la lutte contre le Covid-19. Elle a également été diffusée à la fin d'un second discours prononcé le 8 mai.

La reine Victoria et ses arrière-petits-enfants : debout, de gauche à droite, le prince Edward, duc de Windsor (le futur roi Edward VIII), et son frère Albert (le futur George VI) ; assis, le prince Henry, duc de Gloucester ; dans les bras de la reine, la princesse Mary, comtesse de Harewood.

aujourd'hui tous les records de longévité... Si Victoria a pu régner soixante-trois ans, sept mois et deux jours, Elizabeth II l'a largement dépassée : en février 2021, elle fêtera les soixante-neuf ans de son règne.

Cette saga dynastique a fait l'objet très récemment encore d'une soigneuse filmographie et d'une mise en scène fastueuse. Commençons de façon freudienne par un acte manqué, ce qu'Elizabeth n'est pas et ce qu'elle n'a jamais voulu être. Elizabeth II pouvait-elle devenir une réincarnation d'Elizabeth Iʳᵉ, l'expression la plus parfaite de la grandeur pour les compatriotes de William Shakespeare ? C'est à la période élisabéthaine que le théâtre et la poésie connaissent outre-Manche leur Siècle d'or, à peu près contemporain du *Siglo de Oro* espagnol, lorsque chez nous le maniérisme succédait à la Renaissance. La gloire militaire même semblait au rendez-vous : les assauts maritimes de l'Espagne de Philippe II avaient été victorieusement repoussés par la défaite en 1588 de l'Invincible Armada, victime, dit-on, de la résilience des marins anglais tout autant que de conditions météorologiques défavorables. C'est là qu'Élisabeth Iʳᵉ aurait lancé sa formule célèbre : « Je n'ignore pas que j'ai le corps d'une faible femme, mais je possède le cœur et les tripes d'un roi, et qui plus est d'un roi d'Angleterre. »

La Seconde Guerre mondiale avait semblé renouer avec cette tradition insulaire... Pourtant, lorsque Benjamin Britten, le plus grand compositeur anglais du temps, produisit son opéra *Gloriana*, à la gloire de la nouvelle souveraine en 1953, il n'eut pas le succès escompté. L'on s'était tout simplement trompé d'époque. Je m'interroge dans mon livre *Ces reines qui ont fait l'Angleterre*[3] sur les raisons de ce semi-échec. L'œuvre se donnait pour but avoué de promouvoir « un opéra authentiquement anglais », en se fondant sur un livre du sulfureux Lytton Strachey, « l'un des enfants terribles des lettres anglaises, auteur d'une biographie pleine d'esprit de ces deux monstres sacrés » qu'avaient été Elizabeth et le comte d'Essex[4].

Le règne idéal, du moins sur le plan politique, demeurait celui de Victoria et non celui de la « reine Vierge », comme on surnommait Elizabeth Iʳᵉ. Et c'est là qu'il faut tourner son regard pour comprendre Elizabeth II. Outre la longévité exceptionnelle des deux reines, elles ont en commun leur abnégation et la présence à leurs côtés d'un prince consort – Albert dans le premier cas, Philippe, duc d'Édimbourg, dans le second.

Tous deux ont été choisis par leur reine, et s'acquittent de leur tâche avec un dévouement proche de la résignation. Philippe a en apparence gardé de son passage dans la marine un parler-vrai qu'il réserve à l'usage privé, pour ne pas nourrir davantage par ses *gaffes and blunders* les reproches de *political incorrectness* qu'on lui adresse parfois. Comme Victoria, Elizabeth a compris l'importance décisive de la famille à l'ère de la presse à scandale et des paparazzis. Elle en a sans doute voulu d'autant plus à sa belle-fille, la belle Lady Diana, première épouse de son fils Charles, de ne pas maîtriser les codes de réserve, de conformisme et d'ennui qui gèrent en Grande-Bretagne une communication réussie.

C'est à nouveau le cinéma qui exprime le mieux cet idéal. Sorti en 2006, *The Queen* de Stephen Frears relate l'émotion qui a entouré la disparition de Lady Di en 1997. S'il a pour héros non pas la reine, comme on pourrait s'y attendre, mais son Premier ministre, l'assommant Tony Blair, il n'en montre pas moins le retournement d'opinion qu'a su provoquer la souveraine en rappelant qu'elle était et demeurait envers et contre tout la « mère des enfants », William et Harry. À nouveau, comme du temps de Victoria, c'est la famille qui a gagné. On en dira de même pour un autre succès, largement mérité celui-là : *Le Discours d'un roi* de Tom Hooper, en 2010. Le héros est ici le jeune George VI, père d'Elizabeth, qui, souffrant d'un terrible bégaiement chronique, parvient à force de courage à vaincre son handicap. Cette leçon de volonté, de courage et d'abnégation a immédiatement séduit le public, tant en Grande-Bretagne que dans le reste du monde. ♛

3. *Ces reines qui ont fait l'Angleterre : de Boadicée à Élisabeth II*, « Tempus », Tallandier, 2016.

4. Membre du groupe de Bloomsbury, l'écrivain et critique Lytton Stratchey (1880-1932) est connu pour avoir développé une nouvelle forme de biographie qui accorde une large place à l'interprétation psychologique mais aussi à l'humour et à l'irrévérence. Paru en 1928, *Élisabeth et le comte d'Essex* a été traduit en français l'année suivante, chez Gallimard.

BERNARD COTTRET

Historien et angliciste, spécialiste de la Réforme en Grande-Bretagne, il était professeur émérite de civilisation britannique à l'université de Versailles-Saint-Quentin-en-Yvelines. Auteur de plusieurs ouvrages sur les révolutions anglaise et américaine, il était également le biographe d'Oliver Cromwell, du vicomte Bolingbroke, de Jean Calvin, de Thomas More, de Karl Marx ou encore de Henry VIII. Décédé à l'été 2020, il avait récemment publié *Les Tudors*, chez Perrin.

« LA REINE EST LE SOUVERAIN QUI A LE PLUS VOYAGÉ »

entretien avec l'historien PHILIPPE CHASSAIGNE

À son bureau, étudiant les documents transmis par son Premier ministre grâce à la dispatch box, *en 1969.*
© JOAN WILLIAMS / SHUTTERSTOCK

F.V. Quel rôle historique a joué la reine Elizabeth II depuis son accession au trône, il y a bientôt soixante-dix ans ?

P.C. Son rôle ne relève pas de l'action politique concrète. Il s'agit plutôt d'une sorte d'influence, d'une fonction de conseil et de mise en garde. En 1867, l'essayiste et journaliste Walter Bagehot a publié un livre célèbre, intitulé *La Constitution anglaise*, qui, depuis le début du XXᵉ siècle, sert de manuel d'éducation politique à tous les futurs héritiers du trône. George V l'avait lu, ainsi que Edward VIII, George VI et Elizabeth II. Bagehot y explique que le souverain a trois droits : celui d'être informé, ce qui fait que le gouvernement ne peut pas prendre de décision sans l'en avertir au préalable ; celui d'encourager ; et celui de mettre en garde.

La reine actuelle maîtrise très bien l'art de la litote, l'*understatement*. Il est connu que, lorsqu'on lui présente une idée, si elle dit : « En quoi cela peut-il aider ? » cela veut dire qu'elle juge l'idée complètement idiote et qu'elle estime qu'il vaudrait mieux vite l'abandonner. À cet égard, il y a une histoire assez amusante.

Lorsque Tony Benn, ministre travailliste des Postes et des Télécommunications entre 1964 et 1966 et républicain affirmé, envisage de retirer le portrait de la reine des timbres-poste, il se rend au palais de Buckingham pour exposer son idée. La reine lui répond : « Je n'ai pas d'idée arrêtée sur le sujet. » Tony Benn se dit : parfait, c'est possible. Mais, de retour à son ministère, il reçoit un coup de fil du Premier ministre, Harold Wilson, lui-même appelé auparavant par le Palais, qui lui dit : « Tony, laisse tomber ! »

F.V. Comprendre la souveraine à demi-mot constituerait donc un art plus difficile qu'il n'y paraît ?

P.C. Déjà en 1956, lorsque le Premier ministre conservateur Anthony Eden met sur pied l'opération de Suez avec les Français et les Israéliens, il présente le projet à la reine qui lui rétorque : « Croyez-vous que ce soit une bonne idée ? » Il lui répond : « Oui, Majesté. » Un mois après, l'intervention se solde par un fiasco diplomatique… Voilà pour son action d'influence. Mais nous ne connaîtrons pas avant longtemps le contenu de ses entretiens hebdomadaires avec ses Premiers ministres. La reine tient un journal depuis ses 16 ans. Dedans, il doit y en avoir le compte rendu. Mais nous ne sommes pas près d'y avoir accès. Il faudra attendre que la reine décède, et même après sa mort, il n'est pas certain que son journal soit communicable. Celui de la reine Victoria a été soigneusement expurgé par sa fille avant d'être rendu public…

F.V. Lors de cette crise de Suez, en 1956, la reine a alors très peu d'expérience. Comment réussit-elle à traverser cette épreuve ?

P.C. Il est vrai qu'elle n'est sur le trône que depuis quatre ans. Mais elle a rempli son rôle en mettant en garde son Premier ministre. Ensuite, c'est Anthony Eden qui s'est occupé de l'imbroglio diplomatique, ce qui l'a amené à démissionner – officiellement pour raisons de santé – au début de l'année 1957. Sa carrière avait subi un tel coup qu'en réalité, il n'avait plus aucun avenir politique. La reine l'a constaté. Mais tant qu'on n'a pas accès à la source principale, impossible d'avoir davantage de précisions.

Quoi qu'il en soit, les audiences hebdomadaires du monarque avec le Premier ministre sont extrêmement importantes. Constitutionnellement, elles ne peuvent être évitées. Mais une fois que le souverain a exprimé son avis, le Premier ministre n'est absolument pas tenu de le suivre. Les Premiers ministres agissent selon leur personnalité, selon leurs engagements politiques. En pratique, ce qui compte, c'est d'avoir le soutien de la majorité parlementaire. Le Premier ministre est donc totalement libre de passer outre les mises en garde de la Couronne.

F.V. De Winston Churchill à Boris Johnson, quatorze Premiers ministres se sont succédé sous son règne. Quelles sont les personnalités avec lesquelles elle s'est le mieux entendue ?

P.C. Il est de notoriété publique qu'Elizabeth II s'est très bien entendue avec Churchill, son mentor politique. Elle a également eu de très bonnes relations avec le travailliste Harold Wilson, son Premier ministre de 1964 à 1970, puis de 1974 à 1976, ainsi qu'avec le travailliste James Callaghan, de 1976 à 1979. En revanche, on sait qu'elle avait des problèmes relationnels avec Margaret Thatcher, qu'elle trouvait à la limite de l'obséquiosité. C'est très bien rendu dans la dernière saison de la série *The Crown* : Mᵐᵉ Thatcher fait une révérence trop appuyée chaque fois qu'elle rencontre la reine. Mais lorsque Margaret Thatcher a été lâchée par les membres de son parti et a dû quitter le 10 Downing Street, elle a été immédiatement nommée à la pairie par la reine et est devenue baronne. Par la suite, John Major, lui, a refusé l'anoblissement. Puis il y a eu Tony Blair : là, c'est la reine qui a refusé de l'anoblir, très probablement parce qu'elle lui en voulait. Premièrement,

pour lui avoir fait la leçon au moment de la mort de la princesse Diana. La reine, probablement décontenancée par l'étalage de l'affliction publique, avait choisi le plus simple : rester à Balmoral, son château en Écosse. Tony Blair l'a forcée à revenir à Londres et à sortir la famille royale de son attitude traditionnelle : « *Never explain, never complain.* » Deuxièmement, pour l'implication de la Grande-Bretagne dans la guerre en Irak, qui a profondément divisé l'opinion. Le soutien inconditionnel qu'a apporté Tony Blair à George W. Bush reposait sur des éléments falsifiés. La reine ne pouvant anoblir Theresa May ou David Cameron sans procéder d'abord à l'anoblissement de Tony Blair, ce refus bloque tout. Il y a en effet un ordre de préséance. Si elle anoblissait David Cameron, cela manifesterait un désaveu public à l'égard de Tony Blair. Or, il ne faut pas perdre de vue que la reine ne doit pas prendre de position politique officielle : elle est la souveraine de tous les Britanniques, qu'ils soient conservateurs, travaillistes, libéraux-démocrates, républicains…

F.V. Pensez-vous qu'elle a interprété sa fonction d'une manière qui lui est personnelle ?

P.C. Elizabeth s'en tient strictement à son rôle de souverain constitutionnel, incarnant la nation, ne prenant en aucune façon part aux évolutions de la vie politique. Ce qu'on a pu savoir, grâce à une indiscrétion de David Cameron, c'est qu'après le référendum de 2014 sur l'indépendance écossaise, il avait eu la reine au téléphone et qu'elle « ronronnait comme un petit chat » en raison du rejet des Écossais. Mais cette confidence a beaucoup été reprochée à Cameron.

Se devant d'être au-dessus des partis, le souverain doit pouvoir convier à former un gouvernement aussi bien le chef d'un parti favorable au maintien dans l'Union européenne qu'un partisan du Brexit : c'est l'alpha et l'oméga de la fonction. La reine doit incarner la nation dans sa globalité. Voilà pourquoi, quand on évoquait, il y a deux ans, l'éventualité que la reine puisse se rendre à Strasbourg pour prononcer un discours au Parlement européen et parler du Brexit, c'était totalement invraisemblable. Elle se serait mis la moitié de ses sujets à dos. Et on serait revenu à la situation d'une monarchie clivante, qui prévalait au début du XIXᵉ siècle. Cette rumeur ne tenait absolument pas debout. En revanche, la reine peut incarner la nation dans des moments de très grande difficulté ou de très grande joie. Lors de son allocution d'avril 2020, pendant la première vague du Covid, elle était parfaitement dans son rôle.

F.V. Y a-t-il eu des périodes où la monarchie était davantage contestée, et où Elizabeth II a pu paraître s'éloigner du peuple britannique ?

P.C. À la fin des années 1960, la famille royale pouvait paraître désuète et en décalage avec la culture populaire anglaise de son temps. Pour tenter de corriger cela, un documentaire d'une heure trente a été réalisé en 1969 pour retracer la vie quotidienne de la famille royale : *Royal Family*. Il a eu un énorme succès, d'abord sur la BBC puis sur la chaîne privée ITV, avec 30 millions de téléspectateurs. Après 1977, il n'a jamais été rediffusé, car la reine trouvait qu'elle et sa famille y apparaissaient comme des gens un peu trop ordinaires – cela faisait un peu trop « Anglais moyen ». Jugé trop prosaïque, il a eu un effet contre-productif.

Mais lors du jubilé d'argent de 1977, pour les vingt-cinq ans du règne, alors que de nombreux observateurs pensaient que les Britanniques auraient bien d'autres choses à faire en pleine crise économique que célébrer cet anniversaire, on a vu les rues pavoisées, des tréteaux et des tables dressés sur la voie publique, les Britanniques apportant qui de la bière, qui des sandwichs ou des tartes… Et tout le monde mangeait et buvait à la santé de la reine.

Par la suite, il y a eu l'apothéose du mariage de Charles et de Diana, en juillet 1981. Et cinq ans plus tard, des rumeurs selon lesquelles tout ne se passait pas bien dans leur couple. Jusqu'au divorce de 1996, chaque année a apporté son lot de révélations plus catastrophiques les unes que les autres : la liaison de Charles avec Camilla Parker-Bowles, la liste des aventures de la princesse Diana qui ne faisait que s'allonger... À cela s'ajoutèrent des révélations concernant le couple du prince Andrew, le frère de Charles, et de Sarah Ferguson[1]. On assiste alors à un divorce entre l'opinion publique et la monarchie censée incarner les vertus et les valeurs familiales. Personne ne peut contester que la reine s'en tient parfaitement à son rôle. Mais elle et son mari paraissent d'une autre époque : quand Diana meurt, en 1997, il n'est plus envisageable de garder la lèvre supérieure rigide.

Mais à partir du moment où la reine prononce son discours sur Diana, l'opinion se retourne. Quand la reine et son mari sortent du palais de Buckingham pour aller voir ces bouquets de fleurs déposés au pied des grilles, des femmes font la révérence devant elle, des petites filles lui donnent un bouquet de fleurs. On le voit très bien dans le film de Stephen Frears, *The Queen*. La réconciliation s'est opérée ensuite assez rapidement. Et elle est manifeste au moment du jubilé d'or de la reine en 2002. Il faut dire qu'il a été précédé par deux épreuves qu'elle a vécues dans sa chair : la mort de sa sœur Margaret, en février 2002, suivie quelques semaines plus tard par la mort de la reine mère à 101 ans. Les Britanniques ont compris la peine de la reine. Cela a suscité leur compassion.

F.V. À présent, où en sont les relations de la reine avec ses sujets ?

P.C. En 2015, elle a battu le record de longévité sur le trône de la reine Victoria. Elizabeth II est le souverain qui a régné le plus longtemps dans l'histoire de la Grande-Bretagne. Cela lui donne un statut iconique, même si elle a près de 95 ans et que ses tenues vestimentaires font rire certains Français. Pour les Britanniques, c'est vraiment une icône. Sa popularité est à nouveau comparable à celle dont elle bénéficiait quand elle a succédé à son père en 1952.

F.V. Le caractère de la reine, son goût du secret contribuent-ils au mystère qui l'entoure et à la fascination qu'elle exerce ?

P.C. Certains de ses détracteurs affirment qu'il est difficile de citer dix phrases mémorables qu'elle ait prononcées durant toute son existence. D'une certaine façon, ce n'est pas faux. Mais on ne lui demande pas cela. Ce qu'on retient, c'est moins le contenu du discours que l'occasion pour laquelle il est tenu. Ces dernières années, la reine en est venue à prendre en compte la télévision et les médias audiovisuels. Elle se montre plus à l'aise devant les caméras, en prenant une épaisseur historique. À force de labeur et de persévérance, elle est parvenue à un résultat honorable. Ce n'était pas une communicative née, comme l'était Diana. Et puis la monarchie a un site dédié à promouvoir l'institution – un site très bien fait, d'ailleurs.

F.V. La reine vous paraît-elle compter davantage à la tête du Commonwealth que comme reine de Grande-Bretagne ?

P.C. Oui, c'est dans ce rôle qu'elle a plus de marge de manœuvre, même si elle ne peut rien imposer à aucun des pays membres. On retrouve au sein du Commonwealth ce même rôle d'influence. Ainsi, dans les années 1980, quand tous les sommets de l'organisation tournaient autour de la question de l'Afrique du Sud et de l'apartheid, elle a fait prévaloir une position qui n'était pas celle de Margaret Thatcher. Cette dernière prônait la négociation, pour essayer de convaincre les dirigeants sud-africains de faire évoluer le régime, tandis que la reine a soutenu les États africains qui étaient très opposés au régime raciste de Pretoria et se montraient partisans d'une politique de sanction dure.

F.V. Que faut-il retenir de ses multiples déplacements à l'étranger ?

P.C. Elle est le souverain qui a le plus voyagé à l'étranger. Son père Georges VI n'avait effectué qu'une poignée de déplacements, ses prédécesseurs encore moins. Bien sûr, cela a été facilité par le développement des moyens de transport. Lorsqu'elle est allée en Australie pour la première fois, en 1954, c'était en bateau. Par la suite, elle a pris l'avion. Elle a pratiquement visité tous les pays du monde, sauf la Grèce, par exemple, à cause de son mari Philip, prince de Grèce et évincé de sa lignée dynastique. Les pays où elle est le plus souvent allée sont les grandes monarchies du Commonwealth : le Canada, l'Australie, la Nouvelle-Zélande, pays dont elle est la souveraine même si elle n'y réside pas. Elle s'y rend donc pour entretenir le lien dynastique. Ce voyage inaugural en Australie fut sans doute le plus remarquable, et celui où elle a reçu l'accueil le plus enthousiaste. À l'époque, au début d'un documentaire de la télévision australienne, le commentateur parle d'« une reine que nous n'avons jamais vue ». De fait, il n'y avait jamais eu de visite d'un souverain régnant. D'où cette excitation considérable. Ses voyages fréquents sont une occasion pour la reine de rappeler leurs liens. Au Canada et en Nouvelle-Zélande notamment, il existe un mouvement républicain plus ou moins vigoureux. L'actuelle Première ministre de la Nouvelle-Zélande est républicaine, elle ne s'en cache pas, mais elle a précisé que la question d'un référendum ne se poserait que lorsqu'Elizabeth II ne serait plus de ce monde, car il serait assez indélicat de procéder à une consultation maintenant. Cela pourrait aussi être le cas à l'avenir en Australie.

F.V. Cette position ne risque-t-elle pas de disparaître avec elle ?

P.C. Ce n'est pas sûr, tant la reine a choyé ces pays avec ses voyages. Et la relève est prise par la nouvelle génération. Le premier voyage de William et de Kate a été pour l'Australie lorsqu'ils se sont mariés. Et quand ils ont eu leur premier enfant, leur destination a été le Canada.

F.V. Que peut-on dire du rôle religieux d'Elizabeth II ?

P.C. Il était important en 1952, quand l'Église anglicane représentait encore une partie importante de la population. Aujourd'hui, l'anglicanisme est la religion de seulement 2 % des Anglais. L'Église d'État, établie depuis 1534, n'attire plus grand monde et elle fait figure de coquille vide. Le prince de Galles a pu dire qu'il envisageait de changer l'intitulé de la mission du souverain britannique, présenté comme « défenseur de la foi », en « défenseur des foi ». Il a manifesté cette intention, mais c'est le problème de Charles : est-ce là une vraie volonté ou n'est-il que velléitaire ? On le saura quand il sera roi. ♟

Propos recueillis par François Vey

1. Révélations portant sur des relations extra-conjugales.

PHILIPPE CHASSAIGNE
Professeur d'histoire contemporaine à l'université Bordeaux-Montaigne, ce spécialiste de la Grande-Bretagne a écrit plusieurs ouvrages sur cette région de l'Europe et sa famille royale, notamment une *Histoire de l'Angleterre, des origines à nos jours* (Champs-Flammarion, 1996 ; réed. 2021). Biographe de la reine Victoria (Folio, 2017), il a également coécrit *Londres, la ville-monde*, paru en 2013.

CHURCHILL L'ADORAIT

par ANDREW ROBERTS

La reine Elizabeth II et le prince Philip quittent le 10 Downing Street, résidence du Premier ministre, après avoir dîné avec Sir Winston Churchill et son épouse.
© FOX PHOTOS / GETTY IMAGES

WINSTON CHURCHILL était persuadé que la monarchie britannique était une institution sacrée, mystique, presque métaphysique, qui liait le passé, le présent et l'avenir, et qui proclamait l'unité et l'identité de la nation. Il la trouvait d'autant plus admirable que ses pouvoirs étaient constitutionnels et limités, plutôt qu'absolus. « La prérogative royale, expliquait-il à son épouse Clementine en 1909, s'exerce toujours sur les conseils donnés par les ministres, donc ce sont les ministres et non la Couronne qui sont responsables, donc les critiques de tous les actes politiques discutables doivent viser les ministres, non la Couronne. »

Cependant, s'il vénérait le concept de monarchie britannique, Churchill affichait parfois une attitude cavalière vis-à-vis de celui qui occupait le trône dans les faits. Il ne rencontra jamais la reine Victoria, mais les rois Edward VII et George V, son fils, désapprouvèrent tous deux Churchill pendant de longues périodes de leur règne, surtout en raison de sa tendance à changer de parti et à faire des discours attaquant l'aristocratie, bien qu'il fût le petit-fils du duc de Marlborough.

Pendant la crise de l'abdication, en 1936, Churchill avait soutenu Edward VIII, le fils aîné de George V, et quand le roi dut s'exiler en France une fois devenu duc de Windsor, il alla lui rendre visite, dans les années 1930, au bois de Boulogne et dans le sud du pays. En mai 1940, lorsque Churchill fut nommé Premier ministre, le roi George VI, frère cadet du duc de Windsor, ne le connaissait pas bien, mais il devint bientôt proche de lui. Ils déjeunaient ensemble tous les mardis pendant la guerre ; Churchill confiait alors au roi tous les grands secrets du conflit. Le roi le décrivait comme son « ami », le seul de ses quatre Premiers ministres qu'il qualifiât de la sorte.

Churchill avait 51 ans quand naquit la princesse Elizabeth, le 21 avril 1926. En septembre 1928, lors de leur toute première rencontre, Churchill, alors chancelier de l'Échiquier, était en visite à Balmoral. Il écrivit à son épouse que la princesse âgée de 2 ans et demi avait « un air d'autorité et de sagacité étonnant chez un tout-petit[1] ».

Lorsque, au début du mois de juillet 1947, Churchill apprit les fiançailles de la princesse Elizabeth avec le lieutenant Philip Mountbatten, il fit parvenir une lettre de félicitations au roi, qui lui valut un billet de la main de la princesse : « Je vous écris afin de vous envoyer mes sincères remerciements pour votre aimable lettre de félicitations à l'occasion de mes fiançailles, qui m'a profondément touchée. » Elle se disait aussi sensible au fait que Churchill était « l'un des premiers à lui avoir fait part de ses bons vœux ». En novembre 1947, Churchill et Clementine assistèrent à son mariage, à l'abbaye de Westminster, et lui envoyèrent leurs vœux à l'occasion du premier anniversaire du prince Charles, le 14 novembre 1949.

Sur le plan purement personnel, Churchill et la princesse Elizabeth avaient deux choses en commun : c'étaient de grands francophiles et ils partageaient le même intérêt pour les courses de chevaux. En mai 1951, la princesse invita Churchill à déjeuner avec elle à l'hippodrome de Hurst Park avant les Winston Churchill Stakes[2]. Chacun avait un cheval dans la course. Celui de Churchill, Colonist II (le meilleur des quarante-sept qu'il devait posséder dans sa vie), battit celui de la princesse Elizabeth, qui arriva deuxième. « J'aurais évidemment aimé que nous gagnions tous deux, lui écrirait-il par la suite, mais cela aurait ôté toute la palpitante excitation du turf. »

Quand le roi George VI mourut inopinément, le 6 février 1952, âgé de 56 ans seulement, Churchill était effondré ; il pleura abondamment à l'annonce de la nouvelle, ainsi qu'aux funérailles. Ignorant comment il allait s'entendre avec la nouvelle reine, il dit à son secrétaire particulier « qu'il ne la connaissait pas et que ce n'était qu'une enfant ».

La princesse Elizabeth était en voyage officiel au Kenya lorsque mourut son père ; en se rendant à l'aéroport de Londres pour l'accueillir à son retour au pays, Churchill pleurait « à chaudes larmes ». Peu après, à la BBC, dans son allocution sur la mort du roi, il dit : « Les règnes de nos reines ont été fameux. Certaines des plus grandes périodes de notre histoire se sont déroulées sous leur sceptre. Maintenant que nous avons la seconde reine Elizabeth, qui, elle aussi, accède au trône dans sa vingt-sixième année, nos pensées remontent presque quatre cents ans en arrière vers le personnage magnifique qui a présidé et, de maintes façons, incarné et inspiré la grandeur et le génie de l'âge élisabéthain. »

Si elle était son sixième monarque, elle n'avait pas connu d'autre Premier ministre, et il avait vingt-cinq ans de plus que son père. Lorsqu'elle devint reine, et lui, son mentor politique, leur relation s'empreignit de respect mutuel même si, évidemment, elle développait un aspect asymétrique à mesure que la reine gagnait en assurance dans son rôle. « Il y avait une dame par laquelle, dès 1952, Churchill fut ébloui, note Sir John Colville, son secrétaire particulier. C'était la nouvelle reine. Il s'agissait là d'une femme qu'il respectait et admirait plus que tout homme. »

Au début de son règne, Colville notait encore à propos de Churchill qu'« une photographie de la reine, souriant d'un air radieux en allant au Parlement ouvrir sa toute première session, était encadrée et accrochée à Chartwell House, au-dessus de son lit ». Cette photographie la montre vêtue de blanc et portant de longs gants blancs. En la contemplant, Churchill dit à Lord Moran, son médecin : « Exquise, elle est chou. Je crains qu'on ne lui demande d'en faire trop. Elle se débrouille tellement bien. » Plus tard, tandis qu'il l'admirait encore : « Exquise, inspirante. Tous les cinéastes du monde, s'ils avaient écumé le globe, n'auraient jamais pu trouver quelqu'un si idéalement désigné pour le rôle. »

L'historien et homme politique Roy Jenkins a décrit leur relation en disant que Churchill était « imprégné de sentiments romantiques à la fois envers le début d'un nouvel âge élisabéthain et envers la personne de sa nouvelle souveraine ». Il se voyait plutôt comme Lord Melbourne, le Premier ministre whig des années 1830 qui avait entrepris l'éducation politique de la reine Victoria à l'aube de son règne. Jenkins cite également, à juste titre, son « respect pour l'institution

de la monarchie et sa presque idolâtrie de la personne de la reine tout récemment couronnée ». Sir Anthony Montague Browne, le dernier secrétaire particulier de Churchill, évoque cette relation en disant de Churchill que sa « position se résume très facilement : il était le plus fervent royaliste et il adorait la reine ».

Si nous ne pouvons, bien sûr, savoir ce qui se disait lors des audiences hebdomadaires de Churchill avec la reine, il existe quantité de preuves d'une chaleureuse collaboration. Colville note que ces « audiences se prolongeaient de plus en plus au fil des mois et duraient souvent une heure et demie, ce qui me permet de dire que les courses de chevaux n'étaient pas le seul sujet dont ils parlaient ». D'ordinaire, Sir Alan « Tommy » Lascelles, le secrétaire particulier de la reine, restait dans l'antichambre, incapable d'entendre la conversation, mais il percevait souvent des éclats de rire. Comme il l'écrit dans son journal : « Winston sortait généralement en séchant ses larmes. "Elle est *en grande beauté ce soir*", me dit-il un jour dans son français élémentaire. »

La reine proposa à Churchill de devenir membre du très noble ordre de la Jarretière, honneur qu'il avait décliné de la part de George VI après la Seconde Guerre mondiale, à cause de sa défaite aux élections législatives de 1945, en plaisantant : « Pourquoi devrais-je accepter que Sa Majesté m'intronise dans l'ordre de la Jarretière alors que le peuple vient de me faire entrer dans l'ordre du Coup de pied au derrière ? » Cependant, désormais presque sept ans plus tard, moins de six semaines avant le couronnement et après avoir remporté les élections législatives, il se ravisa. « J'ai accepté car tel était le désir de la reine, confia-t-il à sa vieille amie Lady Lytton. Je la trouve splendide. »

Le 2 juin 1953, après le couronnement, Churchill parla à la BBC du « jour dont les plus âgés sont contents d'avoir vécu pour le voir et dont les plus jeunes se souviendront toute leur vie », et il cita avec admiration « la dame que nous respectons parce qu'elle est notre reine et que nous aimons parce qu'elle est elle-même. "Gracieuse" et "noble" sont des termes familiers pour nous dans la langue de la Cour. Ce soir, ils ont une sonorité autre, parce que nous les savons vrais d'un personnage brillant que la Providence nous a apporté. » Il pensait à l'évidence chacun de ces mots.

L'un des sujets évoqués par Churchill et la reine dont nous savons quelque chose était celui de son prochain départ à la retraite. C'était, bien sûr, une question d'un intérêt considérable pour son successeur désigné, Anthony Eden, ministre des Affaires étrangères, ainsi que pour d'autres principaux membres du gouvernement ; mais Churchill détestait la perspective de quitter ses fonctions et caressait sans cesse l'idée de rester au pouvoir. On pense que la reine s'était rendu compte que Churchill, un peu sourd, qui avait souffert d'une attaque cérébrale en juillet 1953 et aurait 80 ans en novembre 1955, devait laisser la place à un homme plus jeune.

Lors de l'audience du 29 mars 1955, Churchill aurait demandé à la reine si elle avait une objection à ce qu'il diffère son départ. Comme Colville l'écrirait plus tard, « il songeait à reporter sa démission. Il lui avait demandé si elle y voyait un inconvénient, et elle avait répondu que non ! » Bien que la reine eût dit n'avoir aucune objection, ce fut le point de vue plus prudent de Colville qui prima, et Churchill résolut qu'il

1. Certaines citations sont tirées de la traduction par Antoine Pache du *Churchill* (2018) d'Andrew Roberts, paru en 2020 chez Perrin.

2. Course de près de 2 000 mètres réservée aux chevaux de 3 ans et plus.

devait partir. Il demanda à Sir Michael Adeane, le secrétaire particulier de la reine, d'informer celle-ci de son intention de démissionner de son poste de Premier ministre. Adeane lui fit part de sa réaction quelques heures plus tard, après s'être entretenu avec Sa Majesté. « Elle a ajouté qu'il me faut vous dire que, tout en reconnaissant votre sagesse dans la prise de décision qui fut la vôtre, elle éprouvait personnellement les plus vifs regrets et que ces audiences hebdomadaires qui lui ont paru si instructives et, si l'on peut parler ainsi des affaires d'État, si amusantes, lui manqueraient tout particulièrement. »

La date fut fixée : le 5 avril 1955. Un dernier dîner au 10 Downing Street fut proposé pour le 4 avril. Un extrait des paroles d'adieu de Churchill à la reine prononcées lors de ce petit dîner privé donne une idée du profond attachement qu'il éprouvait à son endroit : « Jamais les augustes devoirs qui échoient à la monarchie britannique n'ont été accomplis avec autant de dévouement qu'à l'aube éclatante du règne de Votre Majesté. Nous rendons grâce à Dieu des dons qu'Il nous a accordés, et nous vouons de nouveau aux causes sacrées et au sage et bienveillant mode de vie dont Votre Majesté est le jeune et brillant défenseur. »

Après sa démission, Churchill partit en Sicile prendre des vacances bien méritées et dont il avait grand besoin. Comme il montait dans l'avion, on lui tendit une lettre manuscrite de la reine, qui disait : « En vous remerciant de ce que vous avez fait, je dois me limiter à ma propre expérience, à la période relativement courte – à peine plus de trois ans – pendant laquelle j'ai été sur le trône et où vous avez été mon Premier ministre. Si je n'évoque pas les années précédentes et tous leurs événements, dans lesquels vous avez joué un rôle majeur, c'est parce que vous savez déjà l'immense valeur que mon père accordait à vos accomplissements, et vous n'ignorez pas qu'il associait son peuple et les peuples de tout le monde libre dans la reconnaissance d'une dette de sincère et profonde gratitude. » Churchill répondit que « la structure entière de notre Commonwealth nouvellement formé a été liée et illuminée par une présence étincelante à son sommet ».

Il y avait encore un honneur possible à envisager pour Churchill. Il était normal, pour les Premiers ministres qui s'en allaient, d'accepter un comté s'ils souhaitaient siéger à la Chambre des Lords (comme Stanley Baldwin et Clement Attlee l'avaient déjà fait, et Anthony Eden, Harold Macmillan et Harold Wilson le feraient par la suite). Toutefois, après avoir tant fait pour gagner la Seconde Guerre mondiale, Sir Winston Churchill méritait certainement quelque chose de plus grand encore. Quand Colville laissa entendre à Buckingham Palace qu'un duché serait une récompense davantage méritée, on lui dit « qu'aucun ne serait plus jamais accordé hormis à des personnes de sang royal ». Cependant, le Palais ne voyait pas d'inconvénient à faire le geste d'une offre, mais uniquement à condition que Churchill la refuse.

Après avoir reçu l'assurance qu'il refuserait l'offre, la reine la lui soumit. Churchill ne voulait pas entrer à la Chambre des Lords, puisque cela entraverait la carrière politique de son fils Randolph[3], mais il envisagea peut-être brièvement de devenir duc de Londres. Il avoua ensuite que, quand la reine lui avait soumis la proposition lors d'une audience, il avait été si impressionné par sa beauté, son charme et sa gentillesse qu'il avait songé un instant à l'accepter. Mais il s'était ressaisi en suppliant qu'on l'autorise à refuser. « Et le savez-vous, dirait-il ensuite à Colville, c'est une chose étrange, mais elle semblait presque soulagée. » Ce du fait qu'elle l'était sincèrement (comme il le savait peut-être en secret).

La proximité affective dont témoignait la relation de Churchill avec la reine se manifesta aussi dans leur ultime échange écrit d'importance. En février 1962, alors même que Churchill sombrait dans la sénilité, il lui écrivit : « Madame, au terme de la première décennie de votre règne, j'aimerais exprimer à Votre Majesté mes fervents espoirs et vœux de maintes heureuses années à venir. C'est avec fierté que je me rappelle avoir été votre Premier ministre au début de ces dix ans de service dévoué à notre pays. »

Le lendemain, la reine répondit : « Mon cher Sir Winston, j'étais très touchée de recevoir votre lettre de bons vœux pour le dixième anniversaire de ma succession. Je m'estimerai toujours chanceuse de vous avoir eu comme Premier ministre

au commencement de mon règne et d'avoir pu recevoir vos conseils avisés, ainsi que l'amitié dont je sais que mon père l'appréciait tant également. »

À la suite de son attaque cérébrale, en 1953, la reine avait décidé que Churchill aurait des funérailles nationales, dont l'organisation avait pour nom de code « opération Espérons-que-non ». Selon Mary Soames, la fille de Churchill, la reine en avait parlé à celui-ci plusieurs années avant sa mort, et cette décision lui avait fait grand plaisir. En 1958, sous la direction du duc de Norfolk, maître de cérémonies de la Cour, on commença à fixer les détails de leurs préparatifs. Ces dispositions durent être revues au fil du temps en raison du fait que, si Churchill était toujours de ce monde, ceux qui devaient porter son cercueil le quittaient un à un. Le document final, achevé en novembre 1964, faisait deux cents pages.

Sir Winston s'éteignit le 24 janvier 1965, soixante-dix ans jour pour jour après la mort de Lord Randolph Churchill, son père. La reine, renonçant à suivre toute coutume et tout précédent, assista à ses funérailles, dans la cathédrale Saint-Paul. Elle ajouta un message de sa propre main à la couronne de fleurs blanches placée sur son cercueil, qui disait : « De la part de la Nation et du Commonwealth, en souvenir reconnaissant. Elizabeth R.[4] »

Ces dernières années, on a essayé – notamment dans la série télévisée de Netflix, *The Crown*, qui est une production entièrement fictive – d'insinuer qu'il y avait eu, entre Elizabeth II et son Premier ministre, des désaccords ou des relations personnelles loin d'être parfaites. Voilà qui est on ne peut plus faux. Toutes les preuves que nous fournissent leur correspondance et les personnes ayant fait partie des deux entourages attestent unanimement que la reine admirait Winston Churchill et appréciait sa compagnie, tandis qu'il lui était totalement dévoué. ♚

Traduit par Christine Laferrière

3. Avant 1963, hériter d'un tel titre de noblesse signifiait aussi ne jamais pouvoir y renoncer. Il se verrait donc inéligible à la Chambre des Communes, par exemple.

4. *Regina*, « reine ».

ANDREW ROBERTS

Historien et journaliste, il est professeur invité au département des études de guerre du King's College de Londres, et chercheur invité à l'institut Hoover de Stanford. Collaborateur du *Daily Telegraph* et du *Spectator*, il a notamment publié *The Storm of War : A New History of the Second World War*, livre dans lequel il soutient qu'Hitler aurait été en mesure de remporter la guerre s'il avait su la cantonner à l'Europe et empêcher sa globalisation. Auteur de plusieurs livres sur des figures comme Napoléon, Wellington ou encore Churchill, il a consacré à ce dernier une biographie traduite en 2020 par Perrin.

UNE SCÈNE

DE FILM

par TATIANA DE ROSNAY

C'EST SOUVENT après leur départ que nous nous rendons compte, trop tard, à quel point nos grands-parents avaient des histoires à nous raconter. Récemment, lors d'un déménagement, je suis tombée sur un livre oublié, les Mémoires de ma grand-mère anglaise, Lady Gladwyn. Le manuscrit avait été publié en 1995[1], quelques années après son décès, et, sur le moment, je l'avais parcouru sans trop m'y attarder. En me plongeant à nouveau dans ces pages, je remarque que le nom de la reine Elizabeth revient régulièrement, ce qui pique ma curiosité. Ma mère m'a toujours raconté que ma grand-mère avait commencé à tenir son journal en 1946, dans un appartement mansardé qui surplombait Londres dévasté par le Blitz, d'une écriture fleurie, dans des carnets à couverture rigide. Cynthia voulait raconter l'envers du décor de la vie d'une épouse de diplomate, avec un humour *british* pince-sans-rire et un sens aigu de l'observation ; et en la lisant avec attention, toutes ces années plus tard, force est de constater qu'elle a réussi.

Le nom de la reine est cité pour la première fois en février 1949 par Grandma (c'est ainsi que nous l'appellerions plus tard, lorsqu'elle deviendrait grand-mère). Mon grand-père, Gladwyn Jebb, 48 ans, était alors conseiller diplomatique britannique. Il venait d'être nommé premier secrétaire général des Nations unies, ce qui lui valait cette visite à Sandringham, la demeure royale et privée des Windsor située dans le Norfolk.
Grandma dresse en détail le portrait de la jeune princesse. Je traduis ses mots : « Elle a de beaux cheveux châtains qu'elle porte courts et bouclés ; le teint rose d'une Anglaise, les traits harmonieux. L'expression de son visage reflète un mélange charmant du désir de plaire et d'une conscience posée de son rang et de ses responsabilités. Tout cela accompagné d'un délicieux sourire, d'une voix exquise au timbre doux et d'une démarche légèrement gauche qui rappelle qu'elle reste avant tout une jeune fille. »
Les mémoires de ma grand-mère se lisent comme un roman que je dévore. Page 205, je découvre un chapitre digne des séries *Downton Abbey* et *The Crown*, et qui révèle l'envergure de la préparation et du déroulé de la première visite d'État en France de la jeune reine Elizabeth en avril 1957. Depuis 1954, mon grand-père était en poste à Paris en tant qu'ambassadeur du Royaume-Uni, fonction qu'il occupa jusqu'en 1960. À travers la plume appliquée de ma grand-mère, je constate à quel point tout devait être parfait pour le séjour parisien de la jeune souveraine et de son époux. Grandma relate un printemps resplendissant et précoce, avec le soleil au rendez-vous. Les préparatifs, confie-t-elle, ont commencé dès Noël avec l'aide de ses assistantes dévouées, Lydwine et Diana. Les époux royaux séjourneront au palais de l'Élysée voisin, mais Cynthia a tout de même du pain sur la planche.

C'est à Orly, aux côtés du président René Coty, de mon grand-père et d'un rassemblement de dignitaires, que Grandma attend l'arrivée d'Elizabeth II. Le tailleur de la reine, en laine beige et col garni de vison, n'est pas assez « chic », selon elle. Ma grand-mère trouve le jeune prince Philip plutôt beau gosse, tout en notant son côté informel, ses plaisanteries, ses incartades au protocole. Une cohorte de voitures officielles reprend la route vers Paris tandis qu'une foule joyeuse accueille la reine tout au long du chemin. Place de la Concorde, les cris de « Vive la reine ! » font sourire ma grand-mère qui confie à son carnet que les Français ont la mémoire courte, puisque c'est là même qu'ils ont guillotiné leur propre souveraine en 1793. (Ne pas aborder les sujets qui fâchent ! L'entente cordiale doit régner !)
Grandma est subjuguée par la beauté et la prestance de la jeune femme de 31 ans. Le soir même, elle écrit avec ferveur : « À mes yeux, elle est presque parfaite. Petite, bien faite, bien proportionnée. Elle est beaucoup plus jolie dans la vraie vie que sur les photographies. Son timbre est extraordinairement charmant, aussi bien placé qu'une chanteuse, avec la pureté d'une cloche. Sa maîtrise du français et son accent sont admirables et ont surpris tout le monde. Elle a hérité du sourire exquis de la reine mère, mais elle n'a nullement l'intention d'éblouir. Ses qualités sont bien supérieures. On est en présence d'une personnalité tout en finesse, à la belle simplicité, bienveillante et généreuse, fermement décidée à faire le bon choix, à ne jamais laisser tomber qui que ce soit.

Et en même temps, elle fait preuve d'une certaine perspicacité, prompte à saisir tout ce qui se passe autour d'elle. »

Lors du premier déjeuner à l'Élysée, ma grand-mère, qui ne rate rien, se fait la remarque que la jeune souveraine mange peu. Cette dernière avait d'ailleurs exigé que les repas ne soient ni trop longs ni trop élaborés. Une merveilleuse initiative pour le foie de tout ce petit monde, note Grandma, soulagée, bien qu'elle se doute que certains invités français habitués à de copieux banquets pourraient se sentir lésés.

Le lendemain, dès potron-minet, c'est branle-bas de combat à l'ambassade, rue du Faubourg-Saint-Honoré. Grandma s'attarde sur les échanges de courriers, les coups de fil, sans oublier les messages aigris de ceux qui n'ont pas été conviés à la réception du soir. L'organisation des tables est un casse-tête auquel ma grand-mère s'attelle avec dextérité. Quatre-vingts personnes chanceuses souperont aux côtés de la reine au premier étage. Au menu : saumon, chaud-froid de volaille, salades, sorbet et champagne. Mille autres convives triés sur le volet se contenteront de l'opulent buffet au rez-de-chaussée ouvrant sur le jardin. Smoking et robe longue de rigueur pour tout le monde ; mon élégante grand-mère a prévu tiare, crinoline et gants.

C'est l'heure ! L'orchestre joue avec entrain tandis que les invités foulent les marches du perron. Arrivée du couple royal, enfin, après une excursion nocturne sur la Seine avec le président. Ma grand-mère s'extasie devant la robe fourreau pailletée de la reine, qui lui va « à ravir », précise-t-elle, ainsi que sa pelisse d'hermine. Moment fort, lorsque la reine se penche pour faire un frais au teckel de la fille de l'ambassadeur, la jeune Stella, 23 ans, future mère de l'autrice de ces lignes. Jasper a même le droit de s'asseoir sur les genoux royaux.
La suite de la visite des monarques est un marathon : cérémonie à l'Arc de Triomphe, une autre à l'Élysée, une autre encore à l'Hôtel-de-Ville. Déjeuner à Versailles, dans la galerie des Glaces, puis un petit tour au Trianon. C'est un succès, et la reine fait un tabac partout où elle va.

De toute l'aventure relatée par ma grand-mère, il y a un épisode inoubliable, mon préféré, digne d'une scène de film ou d'un roman. Cela se passe lors de la fête donnée au Louvre en l'honneur d'Elizabeth et de son époux. La salle des Caryatides voit son décor chamboulé pour devenir l'écrin du dîner : accrochage de tentures en velours et statues déplacées pour laisser la place à une poignée de musiciens et aux tables. Un vaste salon ovale est créé dans une des salles des sculptures. Tout Paris souhaite voir *the queen* et trois mille convives finissent par assister aux festivités, alors que seuls deux mille étaient prévus.
Un instant désagréable a failli gâcher la fête, rapporté avec minutie par Grandma ; il y a foule à cette soirée, trop de monde, un effroyable tohu-bohu qui devient vite angoissant : que de robes bouffantes aplaties, que de réticules piétinés et de vieilles dames évanouies, sans oublier les photographes pugnaces munis de flashs aveuglants et les caméras intrusives de la télévision. Au plus fort de l'écrasement général, une proche de la reine demande à celle-ci si tout va bien. La réponse royale tient en un souffle stoïque : « Tout juste ! »

Plus tard, dans le salon ovale, Elizabeth avoue que c'est la première fois qu'elle visite le Louvre, et qu'elle n'a jamais posé les yeux sur *La Joconde*. Stupéfaction ! Et c'est là que va se dérouler ce moment tout à fait « *charming* », selon Grandma.
Ma grand-mère raconte que deux hommes sont envoyés sur-le-champ à l'autre bout du musée afin de décrocher l'inestimable portrait rien que pour les beaux yeux de la reine, une entreprise inimaginable de nos jours. Ils le hissent et le trimbalent le long de galeries, couloirs et escaliers, pour le caler, plutôt cavalièrement, contre une chaise afin que Sa Majesté puisse admirer à sa guise ce mystérieux sourire.
J'ai beau chercher, je n'ai pas encore trouvé de photographie qui immortalise cet instant unique, mais les mots de ma grand-mère suffisent à faire revivre le rendez-vous intime et inattendu entre Elizabeth II et Mona Lisa. ♛

1. *The Diaries of Cynthia Gladwyn*, édité par Miles Jebb, Londres, Constable Editions, 1995.

TATIANA DE ROSNAY
Écrivaine née de mère britannique et de père français, elle est l'autrice d'une œuvre ample, écrite aussi bien en français qu'en anglais, et qui touche principalement aux genres du roman et de la nouvelle. Elle rencontre un succès international en 2006 avec *Elle s'appelait Sarah* (Héloïse d'Ormesson), son neuvième roman et le premier écrit en anglais – le premier également à être adapté au cinéma, en 2010, avec Kristin Scott Thomas. Son dernier livre, *Les Fleurs de l'ombre*, a paru en 2020, coédité par les éditions Robert-Laffont et Héloïse d'Ormesson.

Photographie : *Sir Gladwyn Jebb, ambassadeur de Grande-Bretagne en France et ancien premier secrétaire général par intérim des Nations unies, et son épouse Lady Cynthia Gladwyn arrivant au dîner d'État au Louvre, lors de la visite de la reine à Paris, en avril 1957.*
© PIERRE BOULAT / LA COLLECTION LIFE IMAGES VIA GETTY IMAGES / GETTY IMAGES

« C'EST ÉTRANGE, UN PEU COMME DE RENCONTRER BRIGITTE BARDOT »

entretien avec JANE BIRKIN

B.D. Les Français ne comprennent pas toujours très bien : qu'est-ce que cela fait d'avoir une reine ?

J.B. Sa raison d'être, comme souveraine en titre, comme chef de l'Église d'Angleterre, est d'empêcher que quiconque – un Premier ministre ou un président – prenne tout le pouvoir. Son rôle est symbolique, depuis qu'on a décapité Charles Ier d'Angleterre, qui se croyait roi de droit divin[1]. Son fils Charles II s'est alors échappé en France, où sa sœur a épousé le petit frère du roi Louis XIV[2]. Il est rentré après les années au pouvoir d'Oliver Cromwell[3], une période très austère pendant laquelle les catholiques furent victimes de massacres et où même la décoration des arbres de Noël était interdite – ce qui était peut-être nécessaire après les frivolités et les dentelles de Charles Ier. Cela ne convenait pas aux Anglais, qui ont fait revenir Charles II à la condition qu'il ne prétende pas être installé par Dieu sur le trône, qu'il reconnaisse que son pouvoir sur le Parlement est symbolique, et qu'il n'ait pas le droit de faire connaître son opinion sur les affaires de l'État.

À partir de Charles II – dont le règne est contemporain de celui de Louis XIV –, le souverain ne commente plus la vie politique – comme récemment pour le Brexit. Le discours lu par la reine à l'ouverture de la session du Parlement est écrit par son Premier ministre, peu importe qu'elle soit d'accord ou non avec lui.

Le fait que la reine soit avec nous depuis si longtemps est rassurant. Son père a été tellement extraordinaire pendant la Seconde Guerre mondiale… Elle est montée sur le trône alors qu'elle avait une vingtaine d'années, elle a eu des hauts et des bas – avec la princesse Diana… –, on s'est posé des questions à certains moments parce qu'elle coûtait cher et ne payait pas d'impôts, mais on s'est habitué – son style, ses corgis…

Il y a une cinquantaine d'années, la BBC diffusait un documentaire pour Noël[4], dans lequel on pouvait la voir avec sa famille autour du sapin : elle avait avec le duc d'Édimbourg une conversation normale au sujet des enfants, de la famille, etc. Ils ont arrêté parce que, même si c'était charmant, il ne fallait pas que la reine nous ressemble trop. Elle a donc retrouvé sa posture de reine avec ses discours : quand elle parle à Noël, je suis toujours devant mon poste pour l'écouter. Pendant le Covid, c'est elle qui a fait le *speech* le plus sensé et le plus émouvant. Elle a été d'un grand réconfort. Elle a vraiment rempli sa fonction.

C'est son rôle, et elle le prend très au sérieux. Elle a une manière finalement très payante de faire ce métier – ce *never complain, never explain*, qui est finalement très anglais.

B.D. L'avez-vous déjà rencontrée ?

J.B. Oui, bien sûr.

B.D. Qu'est-ce que ça fait ? On a les mains qui tremblent ?

J.B. D'abord, on a des gants, et c'est bien vu car, lorsqu'il y a cinquante mains à serrer d'affilée, ce serait délicat de s'essuyer parce que quelqu'un a la main humide. C'est étrange, un peu comme de rencontrer Brigitte Bardot. C'est la personne que l'on connaît depuis des années, qui nous a impressionné ou attendri. Quand on la voit, elle est plutôt petite et scintillante.

J'ai eu à lui présenter un bouquet de fleurs quand elle est venue à l'usine de mon grand-père, à Nottingham, quand j'avais peut-être 9 ans – j'étais la seule fille de la famille à pouvoir remplir ce rôle. Je l'ai revue pour les deux films d'Agatha Christie[5]. Et puis j'étais là pour le centenaire de l'Entente cordiale en 2004.

Le prince Charles m'a remis une récompense, qui est une sorte d'équivalent de l'ordre du mérite, le OBE[6]. J'ai eu une médaille très honorable, mais j'avais dans ma tête la voix de mon père qui avait fait la guerre et l'appelait l'« Other Beggars' Effort » – « l'Effort des autres gueux », en référence à ceux qui ont une médaille tout en n'ayant pas fait grand-chose. Cela résonnait dans ma

tête en même temps que j'étais très flattée. Il faut avoir ce pincement d'humour en tout, me semble-t-il.

B.D. Vous sentez-vous, personnellement, un sujet de Sa Majesté ?

J.B. La position que j'ai est peut-être celle qui me convient le mieux : je suis anglaise, mais avec les Français depuis cinquante ans, ce qui est bien plus que le temps que j'ai vécu en Angleterre. Le caractère français m'est devenu très proche, puisque j'ai bénéficié d'une adoption si douce, certainement à cause de Serge Gainsbourg. Mais c'est aussi une réalité : je me mets debout quand j'entends *God Save the Queen*. Serge a essayé de me garder assise, mais cela me rendait si malheureuse. Et je me mets debout aussi pour *La Marseillaise*.

Quand j'étais enfant, on entendait *God Save the Queen* à la télévision le soir, à la fin des séances au cinéma, et c'est peut-être ce qui me reste d'attachement et de tendresse pour l'Angleterre. Il y a tellement de choses qui, récemment, ont été douloureuses et tristes avec le Brexit, avec l'excitation du nationalisme anglais par Nigel Farage[7]… Et la reine ne s'est jamais mêlée de cela. Je connais bien les défauts d'une île, l'orgueil, la fierté de soi, redoublée par la dernière guerre. Je suis très admirative du stoïcisme anglais pendant les bombardements. Ma mère disait toujours : « *We stood alone*[8]. » Avoir de l'humour, ne pas se plaindre, voir le *bright side*[9], ces traits de caractère de la reine m'ont aussi été transmis par mes parents.

B.D. Vu de France, on a l'impression que personne ne veut l'abolition de la monarchie en Grande-Bretagne et que tout le monde aime la reine.

J.B. Oui, et les Français les premiers. J'étais là, au banquet pour l'Entente cordiale. Son *speech* était très drôle, très perspicace, très ironique, charmant. Elle est le summum de cette Angleterre que les Français aiment. On apprécie qu'elle ne change pas, qu'elle ait assez d'ironie pour ne pas se prendre trop au sérieux. Le choix des couleurs de ses robes, par exemple, le *shocking pink* ou le jaune vif, qui ne sont pas des couleurs très flatteuses, fait qu'on peut la voir de partout quand elle apparaît en public. Et c'est un réconfort, comme ses grands sacs à main et ses chapeaux. On serait surpris de la voir avec un sac Kelly et un petit chapeau Chanel à la Jackie Kennedy. Je pense qu'elle sait exactement où est la limite entre être proche et être trop proche.

B.D. Mais nous avons du mal à nous figurer qu'il puisse encore y avoir en Angleterre une monarchie et une noblesse héréditaire…

J.B. Oh, mais il y a en France une noblesse qui est au moins aussi snob que la noblesse anglaise. Moi, c'est la situation de président qui m'a toujours semblé très étrange : être à la fois le chef du pays et le chef d'un parti ! Cette confusion n'existe pas en Angleterre, où la reine a connu je ne sais combien de Premiers ministres. Je trouve rassurant que, même si elle n'est pas d'accord avec eux, elle soit obligée de les servir. Au fond, elle a passé sa vie au service des Britanniques. Après, qu'elle soit riche et qu'elle ait des châteaux partout, on s'en fout un peu, non ? ♛

Propos recueillis par Bertrand Dicale

1. Monté sur le trône en 1625, Charles Ier s'était aliéné les parlementaires, les protestants et les Écossais par ses hausses unilatérales d'impôts, sa politique brutale de colonisation de l'Irlande et sa tentative d'imposer des réformes religieuses. Il fut décapité en 1649, à l'issue de deux guerres civiles, sur fond de conflit entre les royaumes britanniques.

2. La princesse Henriette d'Angleterre (1644-1670), épouse de Philippe d'Orléans.

3. À la mort de Charles Ier, un régime quasi républicain fut proclamé : le Commonwealth d'Angleterre. Le pouvoir était partagé entre un Parlement et un Conseil d'État présidé par le vainqueur militaire de la guerre civile, le puritain Oliver Cromwell. En 1653, celui-ci s'empara du pouvoir jusqu'à sa mort en 1658. Le Parlement fut alors rétabli, et la transition lancée vers une monarchie constitutionnelle, instaurée en 1660.

4. *Royal Family*, en 1969.

5. *Mort sur le Nil* de John Guillermin en 1978 et *Meurtre au soleil* de Guy Hamilton en 1982.

6. L'ordre de l'Empire britannique.

7. Ancien dirigeant du Parti pour l'indépendance du Royaume-Uni (UKIP) de 2006 à 2016, et actuel chef du Parti du Brexit, Nigel Farage a été l'un des principaux artisans du vote pour la sortie de l'Europe en 2016.

8. « Nous étions seuls. »

9. « Le bon côté ».

JANE BIRKIN

Actrice et chanteuse britannique naturalisée française, elle a joué sous la direction de Jacques Rivette et d'Agnès Varda, aussi bien que de Jean-Luc Godard. Elle apparaît en 1969 dans *La Piscine*, de Jacques Deray, aux côtés d'Alain Delon et de Maurice Ronet. La même année, « Je t'aime, moi non plus… », chanté en duo avec Serge Gainsbourg, dont elle a partagé la vie, devient un succès international. Son dernier album, *Oh ! Pardon tu dormais*, mis en musique par Étienne Daho, est sorti l'année dernière.

Photographies :

Nottingham, juin 1955. Jane Birkin : « Je suis à gauche sur la photo, à côté de ma mère Judy Campbell. L'oncle Peter était en train de présenter à la reine Elizabeth II des échantillons des dentelles Birkin, une manufacture qu'un de nos aïeux a créée en 1826. »
© COURTESY OF DAVID ATLAN

Jane Birkin et Nicholas Clay, avec la reine et Sir John Davis, lors de la première du film Evil under the sun (Meurtre au soleil) de Guy Hamilton, à Londres, le 22 mars 1982.
© HARRY MYERS / SHUTTERSTOCK

LES DEUX CORPS CORPS DE LA REINE

*Figurines Kikkerland
à énergie solaire.*
© DR

par JEAN-MARIE DURAND

The People's Monarch, *œuvre créée en 2013 par Helen Marshall : deux portraits de la reine (lors de son couronnement et lors de son jubilé de diamant), composés de 5 000 photos de citoyens britanniques.*
© RICHARD LEE TURNER

Tasse commémorant le Royal Tour en Australie et en Nouvelle-Zélande, 1953-1954.
© MAAS MUSEUM

Œuvre du street artist Pegasus, nord de Londres, 2015.
© DR

Masque, 2020.
© DR

DÈS SON PREMIER VOYAGE officiel à l'étranger, le jour de ses 21 ans, en 1947, la princesse Elizabeth déclare qu'elle consacrera toute sa vie, « qu'elle soit longue ou brève, au service de l'Empire britannique et au service de la grande famille impériale ». Accédant au trône cinq ans plus tard, sa promesse se transforme en programme. Rien de sa vie ne sera étranger à celle du peuple anglais, qui se raconte et se reflète à travers elle. C'est à partir de cette affinité innée entre une reine et un peuple que se construit depuis 2016 la série de Netflix *The Crown*, créée par Peter Morgan. Un monument télévisuel à la mesure d'une destinée à part, comme une coupe transversale de l'histoire anglaise des soixante dernières années, de l'après-guerre à la disparition de Lady Diana... Où la reine s'affiche aux avant-postes d'une épopée nationale, tout en restant cloîtrée à Buckingham Palace ou dans son château de Windsor.
Ce partage hypersensible procède d'une forme de mythologie, dont les familles royales sont naturellement le support depuis les Tudor au XVIe siècle – dont l'histoire a elle aussi été adaptée en série télé. Mais il se manifeste de manière inédite dans les représentations, les récits et les objets culturels. Car la reine Elizabeth II ne se contente pas de happer les foules fascinées par le lustre, les car-

rosses, les châteaux, les chapeaux et les intrigues de cour (sa sœur Margaret, son fils Charles, son ex-belle fille Diana, ses petits-fils William et Andrew...), comme si elles ne pouvaient pas s'extirper des contes de fées. Elle imprime plus largement l'esprit du temps, en contaminant les imaginaires, en nourrissant la créativité des artistes, en amusant la galerie des provocateurs en tout genre.
Son sacre accompagne l'avènement de la culture pop. Une culture qui naît en même temps qu'elle, comme si l'une s'inscrivait dans le cadre de l'autre, à la manière d'une union gémellaire. Une culture de masse que le philosophe allemand Theodor Adorno critique dès la fin de la guerre. Depuis Francfort, il dénonce la standardisation des œuvres, la manière dont les nouvelles industries culturelles font de l'art un simple bien de consommation sans aura autre que celle d'une récupération ironique et cynique des signaux de l'époque. À Londres, des artistes s'amusent sans vergogne à faire vibrer et coller entre eux dans leurs œuvres les codes et les signes d'un monde affranchi des formes consacrées de l'art moderne. Par la faute bienveillante de ces artistes pop, la reine d'Angleterre appartient à l'époque contemporaine. La culture populaire ne va cesser de le lui rappeler, en jouant

de son aura, de ses chiens, de ses chapeaux et de ses robes colorées...
En accédant au trône au début des années 1950, Elizabeth II découvre que la vie de château se mène sous la surveillance de la nouvelle société du spectacle. Elle reste la femme la plus photographiée du monde, de Cecil Beaton à Annie Leibovitz, comme en témoigne un livre paru chez Taschen, *Her Majesty, a Photographic History*. Le statut de reine ne vaut donc qu'à condition de lui associer une image, un rôle, une mise en scène, un récit. La reine devient ainsi un personnage autant qu'une personnalité.
La cérémonie d'ouverture des Jeux olympiques de Londres en 2012 illustre à la perfection ce double statut d'Elizabeth II, à la fois reine dans la vie et reine dans le jeu, reine en or et reine en chocolat. Le film projeté durant la cérémonie, l'exhibant avec ses deux Welsh Corgis aux côtés de James Bond – joué par Daniel Craig – en train de quitter Buckingham Palace, de survoler Londres en hélicoptère, de sauter en parachute (pour de faux) et de pénétrer dans le stade olympique (pour de vrai), nous a rappelé combien la reine a appris à jouer son propre rôle, jusqu'à en rire dans une mise en abyme d'elle-même. Reine réelle ou reine factice, reine

Affiche détournée avec le slogan :
« Oui, elle peut arranger ça »,
Street Art, Montmartre.
© ALAMY

Canard en
caoutchouc
reine
Elizabeth.
© DR

God Save the Queen, *deuxième single des
Sex Pistols. Sorti en 1977 pour le vingt-cinquième
anniversaire de l'accession au trône d'Elizabeth II,
cet album polémique fut privé de la première place
du hit-parade grâce à une manipulation du British
Phonographic Institute, et sa chanson-titre fut
retirée des ondes de la BBC.*
© DR

La reine dans le dixième
épisode des Simpson.
© FOX

éternelle ou reine d'un jour, sa vérité se manifeste à l'intersection de deux niveaux de réalité : le vrai et le faux, le protocolaire et le jeu, le rituel et le culturel. C'est dire combien la culture de masse l'a absorbée, mais aussi combien elle sait jouer sciemment avec son image. Sautant d'un hélicoptère sous les yeux de milliards de téléspectateurs, la reine d'Angleterre s'impose dans l'imaginaire mondial par le biais de l'ironie et des codes du divertissement.
Ce lien indéfectible rattachant Elizabeth II à un paysage culturel qui l'embrasse comme un « objet » du quotidien surgit des profondeurs de son pays : c'est bien en Angleterre qu'est né le « pop art » dès la fin des années 1950, avec des artistes comme Richard Hamilton ou Peter Blake. De multiples manières, ils saluent depuis le début des années 1960 sa présence, sans qu'il soit nécessaire d'en questionner le sens, de prendre parti pour elle ou contre elle. Elle s'affiche comme une évidence, sans qu'on ait besoin de s'en féliciter ou d'en rire, ou alors en faisant les deux à la fois.
Les célèbres portraits d'elle par Andy Warhol (une sérigraphie réalisée en 1985 à partir d'une photo prise durant son jubilé d'argent en 1977) et par Lucian Freud (réalisé, sans complaisance, à l'occasion du jubilé de 2002), sans parler du

pochoir du *street artist* Pegasus, la représentant à demi-nue, les fesses à l'air, sur la porte d'un café du nord de Londres en 2015, offrent des types de représentation contrastés (le lustre pop, le réalisme cru) qui traduisent l'attraction qu'exerce la reine sur les regards. Entre dévotion et constatation, entre enluminure et entourloupe, entre fétichisation pop et réalisme.
Tous les créateurs n'ont pas toujours eu le même respect à l'égard de leur souveraine. Resté dans l'histoire comme le plus célèbre des outrages à la reine, le titre des Sex Pistols « God Save the Queen », sorti en mai 1977, vingt-cinq ans après son accession au trône et à quelques jours du jubilé, détourne l'hymne national, à la manière d'un brûlot antimonarchiste : l'acte de naissance du mouvement punk. « Dieu bénisse la reine, elle n'a rien d'un être humain, il n'y a pas de futur, dans le pays féerique d'Angleterre », chante Johnny Rotten. Provocateurs jusqu'au bout, les Sex Pistols jouent le 7 juin sur la Tamise, durant la nuit du jubilé, à bord du *Queen Elizabeth*. Au moment où personne, pas même dans les partis de gauche, n'ose briser le tabou de la figure royale, ils cassent le mythe d'une Angleterre unie derrière sa reine et trop sûre de sa puissance. La pochette du disque, conçue par le

graphiste Jamie Reid (souvent considérée comme la plus grande pochette d'albums rock de tous les temps) prolonge le sacrilège en défigurant la reine. De ce blasphème, la reine ne dira rien, comme si tout glissait sur elle, y compris la grossièreté de *bad boys* en furie. Elle ne dira rien non plus, trente ans plus tard, d'un autre outrage, venu des créateurs du dessin animé sulfureux *South Park* : un épisode particulier où on la voit se tirer une balle dans la bouche (loin de la douceur de ses apparitions dans *Les Simpson* ou dans *Les Minions*). C'est dire combien elle se tient à distance des coups d'éclat et des coups de semonce venus des abysses de la culture populaire, qui l'observe, la décrit, la sanctifie, la moque ou l'atomise.
Plus polie que les punks, la pop music anglaise a souvent exprimé davantage de considération pour la reine. Surtout depuis que les Beatles ont reçu en 1965 de ses mains la médaille de l'ordre de l'Empire britannique. En 1969, Paul McCartney composa à la fin de l'album *Abbey Road* une ritournelle de 23 secondes, « Her Majesty » (la chanson la plus courte du groupe) évoquant la reine de façon tendre et cavalière : « Sa Majesté est une fille assez jolie, mais elle n'a pas grand-chose à dire… Un jour je vais la faire mienne. » Comme Paul McCartney, nommé

Brian May, le cofondateur et guitariste du groupe Queen, présentant la collection de pièces commémoratives créée en 2020 par la Royal Mint (la Monnaie du Royaume-Uni) pour célébrer le groupe.
© ROYAL MINT

Figurines Playmobil de la reine accompagnée de ses gardes royaux.
© PLAYMOBIL

Affiche de la saison 3 de la série Netflix The Crown, *sortie en novembre 2019.*
© NETFLIX

Figurine Funko POP.
© FUNKO

Still Sane, œuvre du street artist Incwel, Bristol, 2012 – en référence au personnage de David Bowie, Aladdin Sane.
© CAROLYN EATON / ALAMY

chevalier en 1997, Mick Jagger fut anobli en 2002, en raison de « services rendus à la musique populaire ». Tout comme Bono, leader de U2, nommé chevalier de l'ordre de l'Empire britannique pour sa carrière, mais aussi pour ses engagements dans le domaine caritatif.

Symétriquement à ces hommages répétés de la reine pour la musique pop anglaise, de nombreuses stars ont chanté pour elle, des bien nommés Queen à Sting, de Kylie Minogue à Elton John, qui chantèrent lors de son jubilé de diamant devant le palais de Buckingham. Des guitaristes anglais mythiques, tels Eric Clapton, Jeff Beck, Brian May ou Jimmy Page, furent reçus dans ses salons pour, aime-t-on imaginer, engager des discussions enflammées sur l'électrification sonore dans l'histoire de la musique anglaise. Puisque rien de la vie des Anglais ne pouvait lui être étranger, il fallait bien en passer par là : l'hommage d'une reine à la révolution musicale définissant son pays, autant que ses chapeaux et son visage impassible.

Mais plus encore que cette conversation secrète (fantasmée ?) que la reine et les pop stars échangent depuis des décennies, des Beatles aux Spice Girls, des Stones à Lady Gaga, c'est un geste simple, modeste, anodin, qui la rattache pleinement à la culture populaire : la poignée de main. Scène primitive d'un lien direct avec le monde, dont la répétition nourrit la légende d'une reine réinventant le modèle de la *girl next door* pour humaniser son corps irréel. Comme on parle depuis Kantorowicz des « deux corps du roi », Elizabeth II a inventé les deux corps de la reine ; le sien, secrètement dissimulé derrière les grilles de Buckingham, et celui « offert » aux artistes et aux admirateurs, sans qui elle ne serait rien qu'une statue en cire de Madame Tussauds. En serrant la main de millions de personnes depuis le début de son règne, elle a resserré le lien affectif avec son peuple, sans avoir besoin d'en faire beaucoup plus. De ce geste minimal, indexé à une présence réduite aux rituels figés de la royauté, la culture populaire a fait son miel (sa gelée royale), happée par son élégance aristocratique et sa coolitude discrète. Mais que sait-on vraiment d'elle, en dépit de ses apparitions répétées dans nos vies ? Rien de très sûr, sinon qu'elle suscite bien des fantasmes. Jusqu'à faire dire à l'une de nos pop stars hexagonales, Philippe Katerine, dans une chanson frappée au coin du bon sens de l'absurde (à l'anglaise) : « Je suis la reine d'Angleterre et je vous chie à la raie. » Qui d'autre que cette reine aurait pu inspirer une telle ritournelle ? ♛

JEAN-MARIE DURAND

Journaliste, ancien rédacteur en chef adjoint des *Inrockuptibles* de 1997 à 2018, il est l'auteur de deux livres consacrés respectivement à l'idée de cool depuis son émergence dans les années 1950 (*Le Cool dans nos veines*, Robert Laffont, 2015) et au basculement culturel de l'année 1977 (*1977, année électrique*, id., 2017). Il a publié en 2019 aux éditions de La Découverte une enquête sur les transformation du monde intellectuel français, *Homo intellectus*.

UNE POPULARITÉ RETROUVÉE

par SONIA DELESALLE-STOLPER
photographies MARTIN PARR

ELLE ADMIRAIT des animaux sauvages : des éléphants, ou peut-être étaient-ce des antilopes ou des phacochères, ou alors ces deux magnifiques rhinocéros pris par sa caméra à l'aube ? Elle était loin du monde et des photographes. Elle avait 25 ans, et soudain, elle était reine. Comme ça, sans un signe qui puisse lui signifier l'instant précis de la bascule de son destin. Son père, le roi George VI, était mort dans son sommeil, cette nuit du 5 au 6 février 1952. Elizabeth II n'a jamais su à quelle heure elle est devenue reine, mais cela a eu lieu sous le soleil, à 10 658 kilomètres de son royaume, où règne souvent la pluie.

Ce 6 février 1952, à 14 h 45, au pied du mont Kenya, le prince Philip lui annonce la mort de son père. Elle est dans un jardin, et cet instant vertigineux se concrétise au milieu d'un silence troublé par le seul murmure d'une rivière proche, où sautent des truites argentées. Elle est encore si loin du tumulte de la vie qui l'attend. Lorsque l'avion atterrit le lendemain à Londres, tous les dignitaires du royaume, le Premier ministre Winston Churchill en tête, sont là pour accueillir la nouvelle souveraine. La porte de l'appareil s'ouvre, et sa mince silhouette en manteau et chapeau noir apparaît. Elizabeth II n'hésite pas une seconde. Elle descend les marches d'un pas décidé et va saluer ses ministres. Elle plonge dans son rôle.

Sept ans plus tôt, la jeune princesse héritière s'est déjà montrée tout aussi résolue, et proche de son peuple comme jamais. Le 8 mai 1945, devenu pour les Britanniques « VE Day » – pour « Victory in Europe Day » –, marque l'amorce d'une paix inédite en Europe. Elizabeth a 19 ans. Elle ne sait pas encore qu'elle sera la reine de la plus longue période de paix qu'ait connue le continent européen. Ce jour-là, avec sa sœur Margaret, 15 ans, tout ce qu'elle souhaite est partager l'euphorie ambiante de la population. Les deux jeunes princesses supplient leurs parents de les laisser s'échapper. Ils acceptent. Dans les rues, on danse, on rit, on s'embrasse et on s'enlace. L'atmosphère est extraordinaire. Dans un moment miroir, Elizabeth et Margaret, pressées au milieu de la foule massée devant le palais, observent le roi George VI et la reine Elizabeth saluer depuis le balcon. Avec les autres, avec le commun des mortels, elles applaudissent, rient ! Pendant ces quelques instants, la future reine fait corps avec ses futurs sujets, elle est eux et ils sont elle. Vers minuit, la citrouille redevient carrosse, les jeunes princesses regagnent leur palais. Ce sera la première et dernière fois qu'Elizabeth se sera mêlée ainsi aux Britanniques. Elle parlera de cette nuit comme de « l'une des plus mémorables de [sa] vie ».

Le 21 avril 1947, elle est à Cape Town, en Afrique du Sud, en compagnie de ses parents. Elle fête ses 21 ans. Une douce brise agite les plis de la robe

claire de la princesse, assise les chevilles sagement croisées. L'image est en noir et blanc, le son crépite. C'est son premier discours d'adulte. La prise dure 7 minutes et 35 secondes. La caméra opère des zooms sur le ravissant visage de la jeune femme, les deux rangs de perles qui ornent son cou. Elle se lance. Sa voix pointue trébuche parfois sur un mot. Elle prononce *happy* « *héppy* ». « Je déclare devant vous tous que ma vie entière, qu'elle s'avère longue ou courte, sera consacrée à vous servir et à servir la grande famille impériale à laquelle chacun de nous appartient. » Elle est alors l'héritière d'un empire, qui, morceau par morceau, finira de se désintégrer sous ses yeux, avec la rétrocession de Hong Kong à la Chine en 1997. Et puis, à l'aube du siècle suivant, ce royaume, réduit à une île et demie (l'Angleterre, le pays de Galles, l'Écosse et l'Irlande du Nord), s'extirpera de l'Union européenne, qui en 1947 n'est encore qu'une chimère – les dernières pièces du puzzle, l'Écosse et l'Irlande du Nord, seront alors tentées par l'indépendance pour la première

et par la réunification avec la République d'Irlande pour la seconde.

Le 24 novembre 1992, la reine Elizabeth II prononce un discours. Déjà quarante années qu'elle règne et, ce jour-là, exceptionnellement, elle glisse un sentiment personnel dans ses mots officiels. Estime que cette année 1992 restera pour elle une « année horrible », marquée par le divorce de sa fille Anne, la fin des couples de ses deux fils Andrew et Charles et, quelques jours plus tôt, par l'incendie accidentel du château de Windsor. « 1992 n'est pas une année sur laquelle je reviendrai avec un plaisir sans mélange. Pour reprendre le terme d'un de mes correspondants les plus compatissants, elle s'est avérée une "*annus horribilis*" », déclare-t-elle alors. Mais le pire est à venir.

Ses enfants sont ridiculisés, critiqués dans les médias, comme l'ont été régulièrement son époux Philip ou sa sœur Margaret. Par contraste, sa personne reste intouchée, intouchable. Sa dignité en toutes circonstances est saluée par les Britanniques. Mais ce capi-

tal de sympathie et de respect qui semblait infini est peu à peu grignoté, à mesure que Charles et Diana se déchirent. La princesse de Galles rayonne dans le monde entier, utilise les médias pour parfaire son image de princesse négligée et malheureuse, mais chaleureuse et humaine. Le public semble soudain réaliser qu'il est possible d'être un membre de la famille royale sans être totalement détaché du monde et de ses habitants, d'être princesse et d'éclater de rire ou d'étouffer de baisers et de câlins ses enfants. Elizabeth II n'a jamais été vue explosant de rire ou serrant passionnément ses enfants contre elle.

La mort tragique de Diana marque un tournant. Elle laisse un Royaume-Uni sous le choc. Fleurs et larmes inondent les grilles de Buckingham Palace. La reine ne trouve aucun mot. Pour la première fois de son long règne, elle ne trouve plus le tempo, est en retard d'un temps sur son peuple, ne sait plus ce qui est attendu d'elle, ce que son devoir lui dicte. Elle se tait, cloîtrée dans son château de Balmoral sur la lande écossaise. Elle ne mesure pas que cette

À quoi donc servent cette institution, cette famille, cette reine si elles ne sont pas capables de se mettre au diapason de l'opinion publique, de transcender sa peine ?

mort dépasse de très loin la sphère privée. La presse étale les manifestations de tristesse dans le pays mais aussi dans le monde et se fait l'écho des murmures qui bruissent de plus en plus fort. À quoi donc servent cette institution, cette famille, cette reine qui coûtent plutôt cher au contribuable, si elles ne sont pas capables de se mettre au diapason de l'opinion publique, de transcender sa peine ? Le statut de la reine est menacé, sa stature fragilisée et l'avenir de la famille royale suspendu. Finalement, Elizabeth II comprend et trouve les mots. Peut-être, devant le cercueil couvert de fleurs de la princesse, a-t-elle réalisé que, pendant ces quelques jours sombres, son règne s'est tenu au bord de l'abîme.

La suite implique une refonte complète de la communication royale. La famille royale descend d'une marche, seulement d'une marche, de son piédestal, et joue à être plus proche du peuple. En juin 2012, pour son jubilé de diamant – les soixante ans de son règne –, une foule immense se presse sur le Mall, l'immense avenue qui mène de Trafalgar Square à Buckingham Palace. Partout, dans toutes les villes du royaume, des fêtes de rue sont organisées. Les Britanniques célèbrent leur souveraine et, en fait, comme toujours à travers elle, se célèbrent aussi un peu. Quelques semaines plus tard, pour l'ouverture des Jeux olympiques à Londres, au-dessus du stade, Sa Majesté (enfin son sosie), robe et bibi rose, saute en parachute depuis un hélicoptère aux côtés de James Bond. Elizabeth II, et forcément son royaume, sont alors décidément cool.

Britannique jusqu'au bout des ongles, aime-t-elle vraiment la pluie ? Ou préfère-t-elle secrètement le soleil ? A-t-elle peur de l'orage ?

Depuis, sa popularité n'est plus jamais descendue en dessous des 70 % de satisfaits. Que ce soit auprès des anciens ou des plus jeunes, elle fait l'unanimité. Pour les mariages de ses petits-enfants – William et Catherine en 2011, Harry et Meghan en 2018 –, la foule est là, immense. Elle salue les mariés, mais la liesse la plus frappante est pour la souveraine. Toujours. Parallèlement, la maison royale s'est modernisée. Le premier tweet signé « Elizabeth R » (pour *Regina*) date de 2014. La reine est sur Instagram depuis 2019. Ces dernières années, sa silhouette s'est courbée, son pas a un peu ralenti... Son époux le prince Philip a pris sa retraite à 94 ans ; pas elle, même si elle a réduit, légèrement, ses engagements officiels. Elle s'est transformée en *granny* idéale, élégante et digne, ouverte aux changements de ce monde.

Il existe sans doute mille manières d'être reine. La sienne lui est propre. Elle règne en silence, la tête et le menton hauts, sous le poids des couronnes, diadèmes et autres bibis colorés. D'elle, on ne sait presque rien. Britannique jusqu'au bout des ongles, aime-t-elle vraiment la pluie ? Ou préfère-t-elle secrètement le soleil ? A-t-elle peur de l'orage ou, au contraire, rêve-t-elle d'ouvrir grand ses fenêtres pour admirer le ciel noirci et furieux, pour embrasser les éléments déchaînés quand tout dans sa vie est tellement soudé, calculé et écrit ? Elle n'est pas seulement la reine, elle est l'incarnation de cette royauté, et cette discrétion voulue l'a portée toute sa vie. Elle a certainement aimé ses enfants, mais d'un peu loin, trop absorbée par l'immensité de son rôle. Charles s'en est parfois, discrètement, plaint. Enfants, mari, amis, tout était moins important que la royauté, cette notion totalement abstraite.

Elle n'a jamais fait ses courses dans un supermarché, n'a jamais repassé une robe, ni acheté les fournitures scolaires de ses enfants, sans parler de passer l'aspirateur. Mais elle a travaillé, sans relâche, depuis bientôt soixante-dix ans, remplissant à la perfection ce rôle bizarre d'ambassadrice sans l'être, de représentante de son pays sans avoir la moindre influence sur la manière dont il est gouverné, de super officier de relations publiques. Dans ce rôle qu'elle a façonné

elle-même, elle n'a jamais commis le moindre faux pas. Ses robes ne se sont jamais envolées dans un coup de vent (ses ourlets sont plombés), elle n'a jamais prononcé le mot de trop, n'a jamais oublié un visage, une main serrée. Cette perfection a permis de gommer les écarts et ratés de sa progéniture, qui ne lui a épargné ni divorces (trois sur quatre) ni scandales sexuels ou financiers. La féroce presse populaire britannique s'en est repue à répétition, et ce jusqu'à ces derniers mois, au cours desquels son petit-fils Harry et son épouse Meghan sont devenus des cibles de choix. Mais elle, la reine, a toujours été épargnée. Comme si s'en prendre à elle était le dernier seuil, la limite à ne pas franchir. Comme si les tabloïds savaient que cela reviendrait à attaquer leurs lecteurs.

À l'âge où elle pourrait prétendre savourer son *tea* pendant de longues heures, elle poursuit sa tâche, reste une référence, intervient lorsqu'il le faut. Pour anoblir Captain Tom, un vétéran centenaire qui a levé des fonds pour le service de santé pendant la pandémie du Covid, ou pour appeler ses sujets à se faire vacciner, à ne pas être égoïstes... Sur la dernière moitié du XXe siècle et le premier tiers du XXIe, elle a régné plus longtemps que Louis XIV. Elle est un livre d'histoire, un récit au long cours des tribulations du monde, de ses conflits, déchirements et réconciliations. Son seul pouvoir est invisible, intangible. C'est ce qu'on appelle le *soft power*, dont il n'existe pas vraiment d'équivalent en français. C'est une présence, un mot, un geste qui, sur la scène domestique ou internationale, ont parfois eu un impact, une influence.

« *How interesting !* » a-t-elle dit des milliers de fois. Devant une explication alambiquée portant sur une nouvelle organisation caritative, une avancée technologique, un pont, une voiture, un immeuble, une statue, un ruban. Devant un dignitaire, un chef d'État ou de gouvernement. Jamais, elle n'a montré le plus petit signe d'impatience. Peut-être sait-elle qu'elle n'est dépositaire que pour un temps de cette tâche – qu'accompagnent tant de privilèges et de richesses, mais aussi tant d'obligations. Peut-être sait-elle aussi que le risque est toujours présent de

se voir retirer ce rôle. Même si le mouvement républicain n'a jamais vraiment pris au Royaume-Uni. Parce qu'elle est hors mode, hors politique, hors débat, parce qu'elle est une anomalie dans le monde actuel, Elizabeth II est restée une toile vierge sur laquelle chaque Britannique continue à projeter une image, des valeurs et des références immuables. Elle est le miroir de son pays qui s'y mire avec bonheur depuis bientôt soixante-dix ans. Peut-être parce que le reste du monde tourne parfois trop vite, peut-être parce qu'il sait qu'après, lorsque l'inévitable se sera produit, aucun de ses héritiers pressentis ne lui offrira le même reflet lisse et sans aspérités, digne et glorieux. ♛

SONIA DELESALLE-STOLPER
Rédactrice en chef du service monde pour *Libération* depuis décembre 2020, ancienne correspondante au Royaume-Uni et en Irlande pour ce journal, elle a commencé sa carrière à l'AFP, puis collaboré à des médias comme TF1, *L'Express* ou encore au *Guardian*. Installée à Londres depuis une vingtaine d'années, elle a notamment couvert l'accord de paix en Irlande du Nord, en 1998, et plus récemment le Brexit et la politique de Boris Jonhson.

MARTIN PARR
Photographe britannique, membre de l'agence Magnum depuis 1994, il est l'auteur d'une œuvre documentaire profondément originale qui se caractérise par ses prises de vues décalées, ses couleurs vives, son ton sarcastique et sa dimension sociologique. Habile à saisir les détails les plus triviaux et les mises en scène les plus kitsch, son objectif s'est notamment attaqué au tourisme, aux riches, à la plage, aux selfies ou, récemment, au Brexit. Le Frac Bretagne lui a récemment consacré une rétrospective.

Photographies : *À Bristol, en 2002, les habitants de Goldney Avenue se réunissent pour célébrer le jubilé d'or de la reine. Le thème de la fête : « Rois et reines ».*
© MARTIN PARR / MAGNUM PHOTOS

DISCOURS

21 AVRIL 1947

LA PROMESSE DES 21 ANS

En voyage en Afrique du Sud avec ses parents
et sa sœur cadette, la jeune princesse Elizabeth promet,
dans un discours radiodiffusé depuis le Cap, de consacrer
sa vie au service du Commonwealth.

❝ AUJOURD'HUI, jour de mes vingt et un ans, je saisis l'occasion de m'adresser à tous les peuples du Commonwealth et de l'Empire britannique, quels que soient l'endroit où ils vivent, les origines qui sont les leurs ou la langue qu'ils parlent. [...]
Si nous allons de l'avant tous ensemble, avec un noble courage, une foi inébranlable et un cœur paisible, nous serons en mesure de faire de ce Commonwealth vénérable, que nous aimons tous si profondément, quelque chose d'encore plus impressionnant – plus libre, plus prospère, plus heureux, avec une influence positive plus grande sur le monde – que ce qu'il a pu être à la plus belle époque de nos ancêtres.

Pour accomplir cela, nous ne devons rien donner de moins que notre personne tout entière. Il est une devise qui a été arborée par bon nombre de mes ancêtres – une noble devise : « Je sers. » Ces mots furent une inspiration pour beaucoup d'héritiers du Trône au moment où, parvenus à l'âge adulte, ils prêtèrent leur serment de chevalier. Je ne peux pas exactement les imiter.

Mais, grâce aux inventions de la science, je peux faire ce qui ne fut possible à aucun d'entre eux. Je peux promettre solennellement mon dévouement à l'Empire et être entendue de chacun de ses habitants. J'aimerais faire cette promesse maintenant. C'est très simple.

Je déclare devant vous tous que ma vie entière, qu'elle s'avère longue ou courte, sera consacrée à vous servir et à servir la grande famille impériale à laquelle chacun de nous appartient.

Mais je n'aurai pas la force de tenir cette résolution à moins que vous ne la preniez avec moi, comme je vous invite maintenant à le faire : je sais que votre soutien me sera infailliblement donné. Que Dieu m'aide à honorer mon serment, et qu'Il bénisse tous ceux d'entre vous qui sont prêts à l'honorer avec moi. ♛

24 NOVEMBRE 1992

UNE « ANNUS HORRIBILIS »

Lors d'un discours prononcé devant le lord-maire de Londres
au Guildhall, un bâtiment de la City qui servit plusieurs siècles
durant d'hôtel de ville, la reine, qui célèbre alors le quarantième
anniversaire de son accession au trône, évoque les récents
événements de ce qu'elle nomme une « annus horribilis ».

❝ MONSIEUR LE LORD-MAIRE,
Permettez-moi d'abord de dire combien je me réjouis que madame votre épouse soit ici aujourd'hui.

Cette salle majestueuse a été le cadre de certains des événements les plus mémorables de ma vie. L'hospitalité de la Cité de Londres est connue dans le monde entier, mais elle n'est nulle part plus appréciée que parmi les membres de ma famille. Je vous suis profondément reconnaissante, à vous et à la Corporation, d'avoir jugé bon de célébrer le quarantième anniversaire de mon accession au trône en organisant ce superbe déjeuner, et en m'offrant ce tableau que je chérirai toute ma vie.

Merci également d'avoir invité des représentants de tant d'organisations avec lesquelles ma famille et moi-même entretenons des relations privilégiées, qui dans certains cas remontent à plusieurs générations. Pour reprendre une expression employée plus couramment au nord de la frontière[1], c'est là un véritable « rassemblement des clans ».

[...] Un évêque bien intentionné faisait manifestement de son mieux lorsqu'il dit à la reine Victoria : « Madame, on ne peut prier trop souvent, ou avec trop de ferveur, pour la famille royale. » Ce à quoi la reine répondit : « Avec trop de ferveur, non ; mais trop souvent, oui. » À l'instar de la reine Victoria, j'ai toujours été une adepte de cette vieille maxime : « La modération en toute chose. »

Je me demande parfois quel jugement les générations futures porteront sur les événements de cette année tumultueuse. J'ose croire que l'histoire adoptera un point de vue légèrement plus modéré que certains des commentateurs contemporains. Chacun sait que la distance embellit les choses, même les moins engageantes. Après tout, elle a l'inestimable avantage du recul.

Mais elle peut également apporter une dimension supplémentaire au jugement, en le tempérant de modération et de compassion – de sagesse, même –, ce dont manquent parfois les réactions de ceux qui se donnent pour tâche dans la vie d'offrir leur opinion immédiate sur toutes choses, grandes et petites.

Nulle partie de la communauté ne possède toutes les vertus, et nulle n'a tous les vices. Je suis certaine que la plupart des gens tentent de faire leur travail du mieux qu'ils peuvent, même si le résultat n'est pas toujours à la hauteur de leurs efforts. À celui qui a invariablement atteint la perfection en toute chose, le droit d'exprimer la plus sévère critique.

Il ne fait aucun doute, bien sûr, que la critique est bénéfique aux personnes et aux institutions qui font partie de la sphère publique. Nulle institution – que ce soit la Cité, la Monarchie, ou toute autre – n'est en droit d'espérer échapper à l'œil vigilant de ceux qui lui accordent leur loyauté et leur soutien, et encore moins de ceux qui ne les lui accordent pas.

Mais nous faisons tous partie du même tissu social, et cette surveillance d'une fraction de notre nation par une autre peut s'avérer tout aussi efficace si elle est tempérée d'une pointe de douceur, de bonne humeur et de compréhension.

Ce genre de remise en cause peut également, et c'est une bonne chose, se révéler un puissant moteur de changement. La Cité de Londres offre un bon exemple de la façon dont le changement peut trouver sa place dans la stabilité et la continuité d'une prestigieuse institution. J'admire particulièrement, M. le Lord-Maire, la manière dont la Cité s'est si agilement adaptée à ce que le *Livre de la prière commune* appelle « les risques et les aléas de cette vie mortelle ».

Vous nous avez montré comment il est possible de rester efficace et dynamique sans perdre ces qualités indéfinissables, l'élégance et le caractère. Il suffit de parcourir des yeux cette salle magnifique pour en voir la preuve.

[...] M. le Lord-Maire, vous et tous ceux dont les prières – ferventes, je l'espère, mais pas trop fréquentes – m'ont soutenue tout au long de ces années, êtes de véritables amis. Le prince Philip et moi-même vous adressons à tous, où que vous soyez, nos plus humbles remerciements.

Et maintenant, je vous demande de vous lever et de porter un toast au lord-maire et à la Corporation de Londres. ♛

1. La frontière avec l'Écosse.

HOMMAGE À LA PRINCESSE DIANA

Six jours après la mort de la princesse Diana dans un accident de voiture à Paris, la reine s'adresse en direct à la nation depuis la salle à manger chinoise du palais de Buckingham.

" DEPUIS LA TERRIBLE NOUVELLE de dimanche dernier, nous avons vu, à travers la Grande-Bretagne et le monde, s'exprimer une tristesse incommensurable devant la mort de Diana. Nous avons tous essayé, chacun à notre manière, de faire face à cette tragédie. Il n'est pas aisé d'exprimer sa peine devant la perte d'un être cher, car au choc initial succède souvent un mélange d'autres émotions : incrédulité, incompréhension, colère – et inquiétude pour ceux qui restent. Nous avons tous ressenti ces émotions au cours des derniers jours. Aussi, ce que je vous dis aujourd'hui, en tant que reine et en tant que grand-mère, vient du fond de mon cœur.

Tout d'abord, je souhaite moi-même rendre hommage à Diana. C'était une personne exceptionnelle et talentueuse. Dans les bons comme dans les mauvais moments, elle n'a jamais perdu sa capacité à sourire et à rire, à inspirer autrui par sa douceur et sa gentillesse. Je l'admirais et la respectais : pour son énergie et son engagement auprès des autres, et particulièrement pour son dévouement envers ses deux fils. Cette semaine, à Balmoral, nous avons tous essayé d'aider William et Harry à accepter la perte dévastatrice qu'ils ont subie, en même temps que nous tous.

Parmi ceux qui connaissaient Diana, personne ne l'oubliera. Des millions d'autres, qui ne l'avaient jamais rencontrée mais avaient le sentiment de la connaître, la garderont en mémoire. Personnellement, je suis convaincue qu'il y a des leçons à tirer de sa vie et de l'extraordinaire et émouvante réaction à sa mort. Je partage votre détermination à chérir son souvenir.

Ce moment est également l'occasion pour moi, au nom de ma famille et particulièrement du prince Charles, de William et de Harry, de remercier tous ceux d'entre vous qui ont apporté des fleurs, envoyé des messages et rendu hommage de tant de façons à une personne remarquable. Ces actes de gentillesse ont été une énorme source de soutien et de réconfort.

Nos pensées vont également à la famille de Diana et à celle des hommes qui sont morts avec elle. Je sais qu'elles aussi puisent de la force dans ce qui se passe depuis le week-end dernier, alors qu'elles s'efforcent de surmonter leur chagrin puis d'affronter l'avenir sans un être cher.

J'espère que demain nous pourrons tous, où que nous soyons, nous retrouver dans l'expression de notre douleur devant la disparition de Diana, et de notre gratitude pour son existence, trop courte, hélas. C'est une occasion de montrer au monde entier la nation britannique unie, dans le chagrin et le respect.

Que ceux qui sont morts reposent en paix et que chacun d'entre nous remercie le Ciel pour une femme qui a rendu tant de gens heureux. ♛

FACE AU COVID

Alors que la Grande-Bretagne est frappée de plein fouet par la pandémie, la reine prononce depuis le château de Windsor une allocution exceptionnelle – la cinquième seulement depuis le début de son règne, en dehors des messages de Noël – et invite ses sujets à garder courage et espoir.

" JE M'ADRESSE À VOUS en une période que je sais de plus en plus éprouvante. Une période de perturbations dans la vie de notre pays : des perturbations qui ont entraîné du chagrin pour certains, des difficultés financières pour beaucoup, et d'énormes changements dans notre vie quotidienne à tous.

Je voudrais remercier tous les personnels du NHS[2] en ligne de front, ainsi que les auxiliaires de vie et ceux exerçant des métiers essentiels, qui continuent avec abnégation à sortir de chez eux pour s'acquitter de leurs fonctions quotidiennes au service de la collectivité. Je suis certaine que la nation se joindra à moi pour vous assurer que ce que vous faites est dûment apprécié et que chaque heure de votre dur labeur nous rapproche un peu plus d'un retour à des temps plus normaux.

Je souhaite également remercier ceux d'entre vous qui restent chez eux, aidant ainsi à protéger les plus vulnérables et à épargner à de nombreuses familles la douleur que ressentent déjà ceux qui ont perdu des êtres chers. Ensemble, nous faisons face à cette maladie, et je tiens à vous donner l'assurance que si nous restons unis et déterminés, nous en viendrons à bout.

J'espère que, dans les années à venir, chacun pourra tirer fierté de la façon dont il a répondu à ce défi. Et que ceux qui viendront après nous diront que les Britanniques de cette génération étaient aussi forts que leurs prédécesseurs. Que l'autodiscipline, la solidarité et une détermination pleine de calme et de bonne humeur caractérisent encore ce pays. La fierté que nous avons d'être qui nous sommes n'appartient pas à notre passé, elle définit notre présent et notre avenir.

Les moments où tout le Royaume-Uni s'est retrouvé pour applaudir ses personnels de santé et ses travailleurs essentiels seront chéris dans nos mémoires comme l'expression de notre esprit national ; et le symbole de celui-ci sera les arcs-en-ciel dessinés par nos enfants.

Des quatre coins du Commonwealth et du monde nous sont parvenues des histoires qui font chaud au cœur, de gens qui se mobilisent pour aider autrui, que ce soit en livrant des paniers de nourriture et des médicaments, en vérifiant que leurs voisins se portent bien ou en adaptant leur entreprise pour participer à l'effort humanitaire.

Et bien que le confinement s'avère par moments difficile à supporter, beaucoup de personnes de toutes les religions, et d'autres qui n'en ont pas, découvrent qu'il offre l'occasion de ralentir, de prendre le temps de la réflexion, dans la prière ou la méditation. Cela me rappelle la toute première intervention radiophonique que j'ai faite, en 1940, avec l'aide de ma sœur. D'ici, à Windsor, nous nous adressions en tant qu'enfants nous-mêmes aux enfants qui avaient été évacués et envoyés loin de chez eux pour leur propre sécurité. Aujourd'hui, à nouveau, beaucoup ressentiront douloureusement la séparation d'avec leurs êtres chers. Mais, aujourd'hui comme autrefois, nous savons au fond de nous que c'est ce qu'il convient de faire.

Si nous avons relevé d'autres défis auparavant, celui-ci est différent. Cette fois, nous nous associons au reste des nations du monde dans un effort commun, en employant les grandes avancées de la science et notre compassion instinctive pour soigner. Nous y parviendrons – et ce succès nous appartiendra à tous.

Trouvons donc du réconfort dans le fait que, même s'il nous reste encore des épreuves à endurer, des jours meilleurs reviendront : nous retrouverons nos amis ; nous retrouverons notre famille ; nous nous reverrons.

Mais en attendant, je vous adresse à tous mes remerciements et mes vœux les plus chaleureux. ♛

2. Le National Health Service, le système de santé du Royaume-Uni.

Discours traduits par Caroline Nicolas

À l'issue d'un voyage de huit jours au Canada puis à New York, Elizabeth II prononce dans cette ville un discours au siège de l'Organisation des Nations unies, en juillet 2010, cinquante-trois ans après sa première visite.

« JE NE CONNAIS
PAS DE FORMULE
UNIQUE AU SUCCÈS,
MAIS AU FIL DES ANS,
J'AI CONSTATÉ QUE CERTAINS
ATTRIBUTS DU LEADERSHIP
SONT UNIVERSELS
ET CONSISTENT SOUVENT
À TROUVER LE MOYEN
D'ENCOURAGER LES GENS
À UNIR LEURS EFFORTS,
LEURS TALENTS, LEURS IDÉES,
LEUR ENTHOUSIASME
ET LEUR INSPIRATION »

ELIZABETH II

« TOUT EST UNE QUESTION D'ENTRAÎNEMENT : VOUS POUVEZ BEAUCOUP SI VOUS ÊTES CORRECTEMENT ENTRAÎNÉ »

ELIZABETH II

*La reine passe en revue les gardes
de son château de Balmoral,
en Écosse, le 16 août 1992.*

LA GRAVITÉ DE SA MAJESTÉ

En 2007, pour ce portrait officiel de la souveraine, la célèbre photographe américaine Annie Leibovitz a transformé un des salons d'apparat du palais de Buckingham en studio. Face à une fenêtre qui donne sur le Mall, Elizabeth II affiche une gravité de circonstance. La reine a choisi d'arborer le manteau de l'ordre de la Jarretière, enfilé par-dessus une robe dorée. Et elle est couronnée d'une tiare de diamants, qu'elle tiendra à garder, alors que la portraitiste trouve qu'elle fait « trop habillée ».

© ANNIE LEIBOVITZ / TRUNK ARCHIVE